Thera Coppens

SOPHIE IN WEIMAR

Leben und Wirken der Großherzogin von Sachsen-Weimar-Eisenach 1842–1897

Aus dem Niederländischen von Christina Brunnenkamp

Inhalt

Anhang

Ein frühes Familienporträt: Wilhelm II. und Anna Pawlowna mit ihren Kindern (v. l. n. r.: Wilhelm III., Alexander, Sophie und Heinrich), 1829.

GEBURT UND KINDHEIT

Am 8. April 1824 ließen Kanonenschläge das noch schläfrige Den Haag erbeben. Die Bürger zählten mit, und als die Kanonen nach 21 Schlägen schwiegen, wussten alle, dass auf Schloss Kneuterdijk eine Prinzessin geboren worden war. Und kein Prinz. Der Vater war Kronprinz Wilhelm Friedrich von Oranien-Nassau, Sohn des niederländischen Königs Wilhelm I. Die Mutter hieß Anna Pawlowna und entstammte dem illustren Zarengeschlecht der Romanows. Kronprinz Wilhelm war von der Geburt eines Mädchens nicht enttäuscht. Er hatte schon drei gesunde Söhne, die die Erbfolge der Oranier sicherzustellen schienen. Sie hießen Wilhelm, Alexander und Heinrich. Maria Fjodorowna schickte aus Sankt Petersburg ein großes, spitzenverziertes Kissen, auf dem ihre fürstliche Enkelin zum Taufbecken in der protestantischen Jakobus-Kirche getragen wurde. Der Hofprediger träufelte der Prinzessin Wasser übers Köpfchen und taufte sie auf den Namen Wilhelmina Maria Sophie. Ihr Rufname wurde Sophie, was göttliche Weisheit bedeutet. Wenige Tage später erhielt Sophie von ihrer russischen Großmutter ihren ersten Orden. Die Zarin bat Anna in einem Brief, dem Baby das schwere Ordenszeichen ans Kleidchen zu stecken. Das Zeichen des Ordens der Heiligen Katharina. Auf der Rückseite des mit Brillanten besetzten achtstrahligen Sterns stand die Devise *Aequant munia comparis* (»in ihrem Werk einem Mann gleich«), Worte, die sich als prophetisch erweisen sollten.

Sobald Anna das Wochenbett verlassen hatte, begab sie sich zusammen mit dem Kronprinzen auf eine lange Reise, die sie nach einem Aufenthalt bei ihrer Familie in Weimar bis nach Russland führte. Als sie fast ein ganzes Jahr später zu ihren Kindern zurückkehrte, war ihr Töchterchen schon ein kräftiges Kleinkind. Anna berichtete ihrer Mutter brieflich, sie sei niedlich, jedoch recht klein. Die Prinzessin war klein und würde es auch bleiben. Des Weiteren hatte sie dunkelblaue Augen mit langen, dunklen Wimpern, die ihre Mutter entzückten.

Im Sommer des Jahres 1834 nahm Anna Pawlowna ihre zehnjährige Tochter erstmals mit nach Weimar, wo ihre ältere Schwester Maria Pawlowna im großherzoglichen Schloss residierte. Die Briefe, die Sophie ihrem Vater von dieser Reise schrieb, wimmelten von Rechtschreibfehlern, denn sie hatte nur wenig Unterricht erhalten.

Der wichtigste Moment des Besuchs fand in der Hauptstadt statt. Sophie wurde ihrem sechs Jahre älteren Cousin, dem Kronprinzen Carl Alexander, vorgestellt. Er war auffällig groß für seine 16 Jahre, und sie als Zehnjährige auffällig klein. In mehrerlei Hinsicht sah Sophie zu ihm auf. Er sprach vier Sprachen, hatte mit seiner Gouvernante ferne Länder bereist und wusste alles über italienische Kunst. In Weimar hörte sie zum ersten Mal den Namen Johann Wolfgang von Goethe. Er war zwei Jahre zuvor in hohem Alter in seinem Haus am Frauenplan verstorben. Carl Alexander zitierte mühelos Verse von ihm, die er auswendig kannte, und beeindruckte damit seine kleine Cousine zutiefst. Ihr wurde bewusst, wie wenig sie gelernt hatte. Das hielt man für ein Mädchen nicht für nötig.

Viele Jahre später sprach Sophie mit dem Schriftsteller Friedrich Hebbel, mit dem sie eine Freundschaft verband, offen über ihre Jugend und dieser berichtete erschüttert, sie habe ihm anvertraut, dass sie von ihrer Erzieherin viel gelernt habe, aber im negativen Sinn, nämlich was man nicht tun und wie man Dinge und Menschen nicht behandeln dürfe.

Zurück in Den Haag bat Sophie ihren Vater, denselben Unterricht bekommen zu dürfen, den ihre Brüder erhalten hatten, die inzwischen studierten. Ihrem Wunsch wurde entsprochen, ihre Erzieherin Mademoiselle Chapuis entlassen. Der Schweizer L. P. Cavin brachte ihr Deutsch und Französisch bei. Die Prinzessin machte so schnell Fortschritte, dass er auch noch etwas Italienisch hinzufügte. Er schätzte seine Schülerin als vielseitig begabt ein. Cavin entdeckte zudem, dass die Prinzessin passabel Klavier spielte und eine klare Singstimme besaß und stimulierte sie deshalb, ihre musikalischen Fähigkeiten auszubauen. In der englischen Sprache und Literatur wurde sie von dem lebhaften Iren James Marshall unterwiesen. Er entfachte ihr Interesse an britischer Literatur und las Lord Byron und Shakespeare mit ihr. Marshall merkte, dass der Prinzessin Kopfrechnen leichtfiel und half ihr, diese Gabe zu entwickeln. Zwischen den beiden entstand eine lebenslange Freundschaft. Als der vierte Lehrer seinen Dienst im Schloss antrat, konnte die lernfreudige Sophie ein weiteres Talent entfalten. Der Mathematiker Ary van der Spuij war in Den Haag vor allem als Gestalter des Haager Walds bekannt, wo er die Weiher neu angelegt hatte.

1834 legte Sophie im Park ihres Sommerlandsitzes Schloss Soestdijk den Grundstein für einen Spielbauernhof. Dort kümmerte sie sich selbst um den Garten, hielt edle Pferde, Kühe und Geflügel. An ihrem elften Geburts-

Verbunden durch die Liebe zur Kultur: Carl Alexander und seine Gemahlin Sophie, Stahlstich, 1859, von Jos. Benedict nach Vinzenz Katzler

tag stand unter anderem auf ihrem Wunschzettel: ein Melkschemel und Eimer, Holzschuhe und ein Bäuerinnenkleid.

Nach einem großen Familienstreit heiratete Sophies Großvater die katholische Hofdame seiner verstorbenen Frau. Weil niemand diese Verbindung guthieß, dankte Wilhelm I. auf Schloss Het Loo ab. Er zog mit seiner zweiten Frau in sein Palais Unter den Linden in Berlin. Jetzt konnten Anna und Wilhelm endlich den Thron besteigen. Die Huldigung fand am Samstag, den 28. November 1840 mittags in der Neuen Kirche in Amsterdam statt. Anna sparte keine Kosten, um diese feierliche Zeremonie zu einem prachtvollen Ereignis zu machen. Auf einem Gemälde des Hofmalers von der Huldigungszeremonie steht Sophie in einem leuchtendweißen Kleidchen neben dem Thron ihres Vaters, als dieser den Eid ablegt.

Auf die Huldigung folgte ein fünftägiges Volksfest entlang der Grachten, und die königliche Familie lud zu einem Ball im marmornen Bürgersaal des Palais op de Dam, auch das achte Weltwunder genannt. Alle Augen waren auf die 16-jährige Prinzessin Sophie gerichtet, die mit ihrem Bruder Prinz Alexander den Ball eröffnete. Im Gegensatz zur Königin, die vor Diamanten nur so glitzerte, trug die Prinzessin lediglich den Orden der Heiligen Katharina auf ihrem schlichten Ballkleid. Alle fragten sich, wer wohl der Glückliche würde, der die Prinzessin von Oranien einst heiraten dürfte.

HOCHZEIT UND ABSCHIED VON DEN HAAG

Carl Alexander hatte sein Studium abgeschlossen und machte zusammen mit seinem Adjutanten Graf von Beust eine Reise nach England und Schottland. Auf Drängen seiner Mutter stattete er auf der Rückreise seiner Familie in Den Haag einen Besuch ab. Königin Anna und König Wilhelm II. empfingen ihn herzlich. Als er seine Cousine Sophie wiedersah, war er sehr überrascht. Sie ähnelte dem schüchternen Kind, das er sechs Jahre zuvor kennengelernt hatte, überhaupt nicht mehr, und erwies sich als gebildet und humorvoll. Sie führte ihn persönlich durch Schloss Kneuterdijk. Beim Abschied bat ihn die Familie, doch bald einmal wiederzukommen.

Gleich nach seiner Ankunft in Weimar fuhr der reisefreudige Carl Alexander zu seinem Onkel, Zar Nikolaus I. nach Sankt Petersburg. Doch Maria Pawlowna, die überall Informanten hatte, erfuhr in seiner Abwesenheit, dass ein französischer Königssohn in Den Haag eingetroffen war. Der gutaussehende Prinz François d'Orléans Duc de Joinville machte sich Hoffnungen auf die Hand von Prinzessin Sophie. Erschrocken beorderte Großherzogin Maria ihren Sohn zurück. Ihre sorgfältig vorbereiteten Hochzeitspläne durften nicht scheitern. Sophie ließ den Prinzen jedoch abblitzen. Er kehrte nach Paris zurück und verewigte diesen Misserfolg in seinen Memoiren.

Maria Pawlowna war erleichtert, doch sie befürchtete, dass noch mehr Freier am Haager Hof vorstellig werden würden. Schließlich stand Sophies 18. Geburtstag vor der Tür. Es war also Eile geboten. Gehorsamer Sohn, der er war, kam Carl Alexander seiner dynastischen Pflicht nach. Im Oktober 1841 reiste er nach Den Haag und bat Wilhelm II. um die Hand seiner Tochter. Sophie nahm den Heiratsantrag ohne zu zögern an. Vor der Hochzeitsfeier wollte der König den Gotischen Saal, den er selbst entworfen hatte, vollendet sehen. Dort plante er, seine umfangreiche Kunstsammlung auszustellen. In der Zwischenzeit arbeiteten seine Anwälte an einem wasserdichten Ehevertrag. Darin wurde unter anderem das Kapital festgelegt, das Eigentum der Prinzessin bleiben sollte, was zu jener Zeit sehr ungebräuchlich war. Großherzog Carl Friedrich unterschrieb den Vertrag ohne Protest.

Am 8. Oktober 1842 segnete Hofprediger Dermout die Ehe von Carl Alexander Erbprinz von Sachsen-Weimar-Eisenach und Sophie von Oranien-Nassau im Gotischen Saal. Die Gäste bestaunten die Gemälde aus der

Kunstsammlung Wilhelms II., die die Wände zierten. Der Bräutigam erwähnte in seinem Tagebuch, er habe seine Uniform eines Weimarer Generals dekoriert mit niederländischen Orden getragen. Das war das Einzige, was er über seine Hochzeit niederschrieb.

Nach der Hochzeitsnacht folgten ein Kirchenbesuch, Empfänge, Feuerwerk, Theatervorstellungen, Galadiners und der Stapellauf eines Schiffs, das Prinzessin Sophie taufte. Schließlich legte Carl Alexander den Moment der Abreise für den 15. Oktober fest. Das Königspaar nahm gerührt Abschied von seiner Tochter. Mit Sophies Brüdern Wilhelm, Alexander und Heinrich fuhr das junge Paar zum Hafen von Rotterdam, wo das Dampfschiff Ludwig auf sie wartete, um sie über den Rhein nach Deutschland zu bringen.

Nach einer für die Braut aufregenden Reise zu Wasser und zu Land traf das Brautpaar in Eisenach ein, wo Maria Pawlowna und Carl Friedrich ihren Sohn und Sophie erwarteten. Die Prinzessin umarmte ihre Tante Maria, die jetzt ihre Schwiegermutter war, und wandte sich dann ihrem Schwiegervater zu.

Die Gemahlin ihres Bruders Wilhelm notierte in ihren Memoiren über das Elternpaar, Großherzogin Maria ähnele ihrer Schwester Anna, doch man könne gut sehen, dass sie neun Jahre älter sei. Carl Friedrichs Ausdrucksweise, sein Habitus, sein Anekdotenvorrat – einfach alles – sei grotesk gewesen, und seine Frau die Einzige, die so getan habe, als merke sie nichts. Sie habe ihn durch ihr würdevolles Verhalten geschützt und niemandem erlaubt, sich ihm gegenüber unhöflich zu verhalten.

Am nächsten Tag zog der Brautzug weiter nach Weimar. Am Erfurter Tor erwartete sie der Bürgermeister umringt von Mädchen in Thüringer Tracht und hielt eine lange Rede. Unter dem Jubel der Menschenmenge, Trompetenschall und Glockenläuten setzten sie ihren Weg ins Herz der Altstadt fort. Mit lautem Hufgeklapper fuhr die Kalesche durch ein Tor auf den immensen Schlossplatz. Der Lärm wurde durch die majestätischen Wohnflügel, die diesen an drei Seiten umgaben, noch verstärkt. Die offene Südseite war durch einen eleganten Zaun von der Stadt und dem Park getrennt. Über eine breite Treppe wurden sie in die zweite Etage geführt, die traditionell für den Erbgroßherzog und seine Frau bestimmt war. Die Räumlichkeiten waren für sie luxuriös eingerichtet worden, und für Sophie stand auch ein Klavier bereit. Sie würde mehr als ein halbes Jahrhundert im Weimarer Stadtschloss leben.

BEKANNTSCHAFT MIT WEIMAR

Am Sonntag, den 23. Oktober begab sich das junge Fürstenpaar in die Stadtkirche, die den Aposteln Petrus und Paulus gewidmet war. Doch beim Betreten wurde Sophie vor allem von dem Bewusstsein durchdrungen, dass der Dichter, Philosoph und Theologe Johann Gottfried Herder hier als Oberpfarrer bis zu seinem Tod 1803 gepredigt hatte. Auf der gusseisernen Grabplatte im hinteren Teil der Kirche stand sein Wahlspruch: *Licht, Liebe, Leben*.

Während der Predigt bewunderte Sophie das große dreiflügelige Altarbild von Lucas Cranach dem Älteren und seinem gleichnamigen Sohn, dessen mittlere Tafel den gekreuzigten Christus zeigt. Diese berühmten Maler wohnten und arbeiteten in einem vornehmen Haus am Marktplatz. König Wilhelm II. war ebenfalls stolzer Besitzer eines Werks von Cranach.

Unter dem bildhauerisch aufwendigen Epitaph im Chorraum ruhten Carl Alexanders Ahnen. Das letzte Familienmitglied, das dort 1807 beigesetzt worden war, war Herzogin Anna Amalia, die mit 17 Jahren mit Ernst August II. Constantin verheiratet worden war. Kurz nacheinander gebar sie zwei Söhne. Mit 18 wurde sie bereits Witwe. Anna Amalia übernahm die Regierungsgeschäfte bis zur Volljährigkeit des Thronfolgers Carl August, Carl Alexanders Großvater.

Herzogin Anna Amalia holte Wieland an den Hof, der ihren Sohn unterrichten sollte, später Herder, Schiller und Goethe. Dadurch entstand ein Athen an der Ilm, das Weimar über andere deutsche Staaten und Länder erhob. Diese Leistungen wurden Prinzessin Sophie in den kommenden Jahren wieder und wieder vor Augen geführt. Schließlich verließen sie zu den Orgelklängen einer Komposition Johann Sebastian Bachs, der in der Herderkirche Organist gewesen war, die Kirche.

Am 26. Oktober organisierte man ihnen zu Ehren ein Volksfest mit einer Bauernhochzeit, Tanz und kostenlosem Ausschank. Der Höhepunkt der Festlichkeiten war für Sophie ein Konzert im Hoftheater. Als sie mit Carl Alexander im roten Samt der Fürstenloge platznahm, stieg Applaus aus dem Saal zu ihnen auf. Ein Klavierkonzert von Johann Nepomuk Hummel, der bis zu seinem Tod 1837 das musikalische Leben in Weimar prägte, imponierte der Erzherzogin. Die meisten Künstler, die Weimar berühmt gemacht hatten, waren verstorben. Maria Pawlowna hoffte, den ungarischen

Pianisten und Komponisten Franz Liszt an ihren Hof zu binden, indem sie ihm 1841 das Ritterkreuz erster Klasse des Hausordens vom Weißen Falken verlieh. Der ungarische Komponist sollte Weimar den Glanz erhalten, den seine Vorgänger der Stadt eingebracht hatten.

Seiner Geliebten Marie d'Agoult in Paris schrieb Franz Liszt, der Hof wolle ihn gerne durch eine außergewöhnliche Position an Weimar binden. Erst schien er zu zögern, doch am 2. November 1842 unterschrieb er zur Zufriedenheit Maria Pawlownas eine Übereinkunft, der zufolge er sich mindestens drei Monate im Jahr in Weimar aufhalten würde. Er versprach darin auch, für Klavierstunden für Maria Pawlowna und Sophie zur Verfügung zu stehen. Sophie erschrak, als sie das hörte. Unterricht vom genialen Liszt! Zum Glück ging er vorher noch auf Tournee am Hof der Oranier in Den Haag, wo er im Gotischen Saal vor ihrer Familie auftrat.

Nach wenigen Monaten hatte Sophie die Bekanntschaft der wichtigsten Mitglieder des Hofes gemacht und sich in ihrer neuen Umgebung eingewöhnt. Sie organisierte Tanz- und Musikveranstaltungen für Gleichaltrige. Ein Höfling schrieb missbilligend, die Prinzessin habe von ihren Eigenschaften bisher noch keine entwickelt, außer dass sie gern tanze, sich gerne zurechtmache und viel Geschmack in ihrer Toilette zeige. Man hoffe allgemein, dass sich zu ihrem Frohsinn nach und nach eine würdige Haltung gesellen werde.

Die Prinzessin musste sich ihre Stellung am Hof erst erobern. Manche älteren Höflinge glaubten, sie belehren zu können. Sophie zeigte sich jedoch von Anfang an eigensinnig, was für eine leichte Erschütterung am konservativen Hof sorgte. Henriette von Pogwisch, Hofdame der Großherzogin, sparte ihrer Tochter Ottilie von Goethe in Wien gegenüber nicht mit gnadenloser Kritik an der kleinen Prinzessin.

Adelheid von Schorn schrieb später, mit Erzherzogin Sophie sei eine besondere Persönlichkeit ins Weimarer Fürstenhaus eingezogen. Zwar sei sie nicht schön, doch sie habe ein liebliches Wesen, sei munter und liebenswürdig und beweise beim Tanzen eine solche Anmut, dass sie trotz ihrer kleinen Gestalt etwas Imponierendes habe.

AUF SCHLOSS ETTERSBURG

Als die Prinzessin im Dezember 1843 die Nachricht vom Tod ihres Großvaters in Berlin empfing, war sie sehr traurig. Doch sie fand Trost in der Mitteilung ihres Leibarztes, dass sie seit ein paar Monaten schwanger sei.

Es folgten glückliche Monate für das Paar auf Schloss Ettersburg. Carl Alexander hatte das märchenhafte Schloss von seinen Eltern geschenkt bekommen. Es lag zwei Stunden nordwestlich von Weimar am sonnigen Rand eines Tals mit Blick auf einen jahrhundertealten Buchenwald. Sophie und ihr Mann empfingen ihre besten Freunde und entschieden, dass dort kein Protokoll gelten solle. Alle würden gleich behandelt.

Als der 24. Juni näher rückte, Carl Alexanders 26. Geburtstag, strömten die Gäste herbei. Der Erbprinz verbat allen, auf der Ettersburg Titel zu verwenden. Fast jeder Gast schrieb einen Beitrag für das *Ettersburger Journal*. Verfasserin Amalie Winter schrieb in ihrem, Ettersburg sei ein Zauberschloss, in dem es rund ums Jahr Erdbeeren gebe und keinerlei Etikette und ließ bei der Unterzeichnung absichtlich ihren Adelstitel weg, genau wie viele andere. Sophie hatte schon im April 1843 unter ihrem eigenen Namen einen komischen Beitrag über ein frisch verheiratetes Paar geschrieben, das einen Ausflug in die Natur macht. »Während man den Wagen vorbereitete, gestaltete die Gesellschaft mit Hilfe von Servietten ebenso duftige wie anmutige Frisuren. Um das Werk zu krönen, zog die Frau des Hauses den Frack ihres Mannes über, schmückte sich mit seinem Hut, nahm seine Handschuhe und seinen Stock und verharrte einige Augenblicke in diesem bizarren Aufzug, wobei sie überhaupt nicht fand, dass er ihr schlecht zu Gesicht stünde.« Die Geschichte endete mit der Rückkehr aufs Schloss. Obwohl Sophie in ihrem humoristischen Bericht keine Namen nannte, war es für Eingeweihte nicht schwierig, die Beteiligten zu erkennen. Da waren die schriftstellerisch begabte Hofdame Caroline von Egloffstein und ihre malende Schwester Julie. Auch die berühmte, unkonventionelle Bettina von Arnim war zu Gast. Bettinas Buch *Goethes Briefwechsel mit einem Kinde* verkaufte sich gut. In *Dies Buch gehört dem König* wagte sie sogar unverblümte Kritik an der Monarchie. Der liberale Carl Alexander sah jedoch keinen Anlass, sich über ihre politischen Ansichten zu ärgern.

HANS CHRISTIAN ANDERSEN

In diesem liberalen Klima traf am 26. Juni Hans Christian Andersen auf Schloss Ettersburg ein. Nervös sah er der Vorstellung bei seiner königlichen Hoheit, dem Erbgroßherzog und der niederländischen Königstochter entgegen. Als er im schwarzen Anzug das Schloss betrat, traf er dort eine fröhliche Gesellschaft an, die Damen in einfachen Sommerkleidern, die Herren in leichten Anzügen. Aus den Räumen schallte Musik und Gelächter. Der Schriftsteller, der die ernste Feierlichkeit des dänischen Hofs gewohnt war, wurde im Vestibül von einem eleganten jungen Mann begrüßt. Erst später ging ihm auf, dass es sich hierbei um den Erbgroßherzog gehandelt hatte.

Carl Alexander sorgte dafür, dass sich der Schuhmacherssohn aus Odense willkommen fühlte. Man las sich gegenseitig französische, deutsche und englische Literatur vor und kannte seinen Roman *Der Improvisator*, und der Erbprinz rezitierte seine Gedichte. Abends setzte sich eine kleine, hochschwangere junge Frau ans Klavier und spielte die Sterne vom Himmel. Es war Sophie Prinzessin von Oranien-Nassau, die Frau des charmanten Erbgroßherzogs, die dessen Nachwuchs unter ihrem Herzen trug.

Andersen wählte ein Märchen, von dem er annahm, dass es sie besonders ansprechen würde: *Der tapfere Zinnsoldat*. Er schrieb, er habe im Schloss Märchen vorgelesen, sei dafür bewundert worden, dann sei man hinaus zu einer Linde gegangen, die mit bunten Lampions behängt gewesen sei, und habe getanzt.

Arm in Arm mit dem Erbgroßherzog machte er lange Spaziergänge, und schon bald vertrauten sie einander ihre Gefühle an. Seinem Reiseschema zufolge nahm der Schriftsteller am 1. Juli Abschied. Er notierte in seinem Tagebuch, dass er sich morgens um acht vom Großherzog verabschieden ging, der ihn leger gekleidet empfing. Er habe ihn umarmt, und sie hätten beide geweint und einander ewige Freundschaft geschworen.

CARL AUGUSTS GEBURT

Später schrieb Carl Alexander Andersen, seine Frau habe kurz vor der Geburt zu ihm gesagt, sie wolle so tapfer sein wie der Zinnsoldat. Die Geburt war schwer, doch Sophie brachte ein gesundes Kind zur Welt. Es war ein Sohn, der Thronfolger! Sophies stolze Eltern kamen zu Besuch aus Den Haag. Am 29. August fand in Weimar die Taufe statt, bei der die königlichen Großeltern als Paten des Babys auftraten. Das Kind erhielt den Namen Carl August, nach seinem Urgroßvater.

Der König kehrte in die Niederlande zurück, doch Königin Anna blieb noch sechs Wochen bei ihrer Tochter. Sophie war von einer Gruppe junger Hofdamen umringt, die um ihre Gunst wetteiferten. Die 16-jährige Alma von Goethe, die Enkelin des großen Dichters, fiel am meisten auf. Mit ihrem Namen und ihrer Abstammung verlieh sie dem Hof Glanz. Ihre Mutter Ottilie von Goethe war die Witwe von Goethes einzigem Sohn August. Um dem Hofklatsch zu entgehen, war sie mit Alma nach Wien gezogen. Ihre Tochter fuhr nach Weimar zurück, um dort konfirmiert zu werden. Die Mutter ging davon aus, dass Alma danach zurückkehren werde. Doch Alma freundete sich mit Prinzessin Sophie an, die ihr »reizend, grazil, liebenswürdig, gar engelsgleich« erschien.

Für die noch so junge Sophie wurde Goethes Enkelin eine wahre Freundin. Die Familie Goethe zählte zwei junge Freiherren: Walther (1818) und Wolfgang (1820). Ihre Schwester Alma wurde 1827 geboren. Walther und Wolfgang wurden zusammen mit Carl Alexander im Haus am Frauenplan unterrichtet unter Goethes wachsamem Blick. Sein Tod bedeutete das Ende ihres Glücks. Walther wurde entgegen der Vorhersage seines Großvaters kein berühmter Komponist, und Wolfgang wurde entgegen dessen hoher Erwartungen kein bedeutender Schriftsteller.

Die kränklichen Brüder hatten eine sehr enge Beziehung und liebten ihre kleine Schwester Alma sehr. Sie war die einzige Nachfahrin Goethes, die sich zu einem glücklichen Menschen entwickelte. Der depressive Walther unterschrieb seine Briefe an sie als »Dein Bruder Zankhaus Brummbär«, während sie mit: »Adieu mon cher frère Sie sind und bleiben ein alter Bär.« schloss.

Walther und Wolfgang litten ständig an Geldnot. Ottilie empfahl ihren Kindern, einen Teil von Goethes Erbe zu verkaufen, damit sie ihren Lebensunterhalt bestreiten könnten, doch die Brüder fanden den Gedanken unerträglich, dass die geerbten Schätze ihres geliebten Großvaters[1] in fremde Hände fielen. Jahrelang wurden sie von allen Seiten belagert. Der Deutsche Bund bot 40 000 Reichstaler für Goethes Wohnhaus am Frauenplan mit allen darin befindlichen Sammlungen und Kunstschätzen, dem Garten und den Nebengebäuden. König Friedrich Wilhelm IV. von Preußen wollte aus Goethes Haus ein Nationaldenkmal machen. Die Bundestagskommission, die sich aus Gesandten aller deutscher Staaten zusammensetzte, unterstützte diesen Plan. Doch Wolfgang, der damals einen Teil des Hauses bewohnte, fühlte sich völlig überfordert. Um das Angebot loszuwerden, setzte er die Verhandlungsbasis immer höher. Anfang 1843 schnappte Sophie das Gerücht auf, Walther wolle nur das Haus behalten, die Sammlungen jedoch verkaufen. Die Situation wurde immer verfahrener, als Ottilie ihren Söhnen berichtete, Alma habe vor, einen Teil des Erbes zu verkaufen. Ihr Bruder wurde ganz verzweifelt bei dem Gedanken, Unbekannte würden durch die Zimmer laufen, in denen er für seinen Großvater kleine Theaterstücke aufgeführt und dieser ihm applaudiert hatte, wenn er ihm etwas vorgesungen hatte.

Im Bundestag reagierte man wütend auf Walther von Goethes unberechenbares Verhalten. Für seine kleine Schwester war die Sache einfacher. Als ihr Großvater starb, war sie erst vier Jahre alt. Als Enkelin hatte sie ein Mitspracherecht bezüglich des Erbes und forderte jetzt freundlich, aber entschieden ihren Anteil.

Dadurch spitzte sich das Familiendrama zu: Walther und Wolfgang kamen dahinter, dass ihre Mutter in Frankfurt schon über den Verkauf verschiedener Sammlungen verhandelte. Und das war genau, was Goethe in seinem Testament ausdrücklich verboten hatte, denn er war der Ansicht, seine Manuskripte, seine Korrespondenz und Sammlungen aller Art seien genauester Fürsorge wert.

Walther war sich sehr wohl dessen bewusst, dass der Nachlass sich nicht in Geld ausdrücken ließ. Nervös öffnete er einen Brief der Bundeskommission, in dem man den zuvor gebotenen Betrag für das Haus und alle Sammlungen letztmalig auf 60 000 Taler erhöhte. Alma gefiel dieses Angebot sehr gut. Sie fand, ihre Brüder dürften nicht länger zögern. Weil sie jedoch minderjährig war, bedurfte sie der Unterstützung ihrer Vormunde. Die schickten Walther und Wolfgang im Namen ihrer Schwester einen unmissverständlichen Brief. Die Brüder taten daraufhin das Unvorhersehbare:

Die gute Freundin Sophies verstarb leider zu früh: Alma Sedina Henriette Cornelia von Goethe

Sie würden das Haus nie verkaufen. Lieber wollte Walther sich hoch verschulden, um Alma ihren gesetzlichen Erbteil von 20 000 Talern auszuzahlen.

Und so kam es. Goethes Enkelsöhne hatten jetzt größere Geldsorgen denn je. Doch zum ersten Mal seit Jahren genossen sie ein wenig Ruhe. Das Haus am Frauenplan inklusive des gesamten Hausrats wurde verschlossen und der Schlüssel ängstlich bewacht. An dieser seltsamen Situation sollte sich bis zu ihrem Tod nichts ändern.

Alma von Goethe beschloss, als Hoffräulein in den Dienst des Hauses Sachsen-Weimar zu treten. So könnte sie bei Prinzessin Sophie und dem kleinen Prinzen Carl August bleiben. Doch Ottilie reagierte wütend auf diese Pläne und beorderte sie sofort nach Wien zurück. Traurig nahm Alma Abschied von Sophie. Die Prinzessin hoffte, dass sie an den Hof zurückkehren würde. Doch unterwegs steckte sie sich mit Typhus an. Wenige Tage vor ihrem 17. Geburtstag, am 29. September 1844, starb Alma. Walther und Wolfgang waren untröstlich.

SOPHIES KLEINER KLUMPE-DUMPE

Am 9. Januar 1846 kehrte Andersen ins großherzogliche Schloss zurück. Zwischen seinen Reisen hatte er geraume Zeit in Kopenhagen verbracht, wo er sich von König Christian VIII. und Königin Caroline Amalie feiern ließ. Andersen notierte in seinem Tagebuch, der Erbgroßherzog habe ihn in seinen wunderschönen Zimmern im Obergeschoss empfangen und geküsst. Arm in Arm gingen sie zu seinem Zimmer.

Wenige Tage später gewährte man ihm einen rührenden Einblick ins Familienleben: Der Erbgroßherzog führte Andersen zu seinem Sohn Carl August und alberte mit ihm herum. Als der Großherzog den Raum verlassen hatte, kam seine Frau Sophie herein, nahm den Kleinen auf ihren Rücken, galoppierte mit ihm in der Stube umher, nannte ihn Klumpe-Dumpe. Auch Andersen durfte ihn hochheben und mit ihm tanzen. Schon nach ein paar Wochen hielt es Andersen im nasskalten Weimar nicht mehr aus und fuhr in den sonnigen Süden.

Sophie, die im April ihren 22. Geburtstag feierte, sehnte sich auch danach, »Das Land, wo die Zitronen blühen« mit eigenen Augen zu sehen. Deshalb verkündete Königin Anna, sie wolle im Herbst nach Rom fahren. Ihre Tochter und Sohn Alexander sollten sie begleiten. Ihr Wunsch kam einem Befehl gleich, sodass Sophie sich auf die lange Reise vorbereitete.

Den Sommer verbrachte die fürstliche Familie auf Schloss Ettersburg. Sie empfingen dort den berühmten Landschaftsarchitekten Fürst Hermann von Pückler-Muskau. Der 60-jährige Fürst war nach Ettersburg gereist, um die dortigen Parkanlagen zu verbessern. Pückler ergriff drastische Maßnahmen. Er ließ vom Schloss bis zum Mittelpunkt des Jagdsterns roden, um die 100 Morgen Wald, wobei er alles zu Pferde beaufsichtigte. Es entstanden »dadurch bisher ungeahnte poetische Fernsichten und malerische Landschaftsbilder, die zuvor im geheimnisvollen Waldesdunkel verborgen gewesen waren«.

Der abenteuerlustige Fürst war überdies bis ins hohe Alter ein leidenschaftlicher Schürzenjäger. Jetzt warf Pückler seinen Kennerblick auf die kleine Oranier-Prinzessin. Er beschrieb Sophie als »in jeder Hinsicht ausgezeichnet, kindlich naiv, dabei gebildet, natürlich, graziös« und ihren Mann als »gut und lebenslustig«.

Das Weimarer Stadtschloss mit Blick auf die Ilm: Für mehr als ein halbes Jahrhundert wird es Sophies Residenz.

Im August, als Pückler wieder abgereist war, kam Andersen aus Rom zurück. Er erzählte lebhaft von seinen Erfahrungen. Sophie bekam Lust auf die Reise. Doch dann wäre sie mindestens zwei Monate weg und müsste ihren »Klumpe-Dumpe« in Weimar zurücklassen.

König Wilhelm II. holte seine Tochter in Weimar ab und lernte bei dieser Gelegenheit den dänischen Märchenautor kennen. Nach dem Zusammentreffen auf Belvedere beschrieb Andersen den König als wohlwollend, freundlich und ritterlich.

Als Sophie mit ihrem Vater nach Den Haag abgereist war, nahm auch Andersen Abschied. Vergeblich versuchte der Großherzog ihn aufzuhalten. Sein Freund reiste weiter, ohne je einen festen Wohnort zu finden.

SOPHIES ITALIENREISE

In Den Haag fasste Prinzessin Sophie den Entschluss, genau wie Goethe ein Reisetagebuch ihrer ersten Italienreise zu führen. Allerdings schrieb sie es auf Französisch und gab sich keinerlei Mühe, ein literarisch wertvolles Manuskript zu erstellen. Sie hielt Reisedaten fest und listete die Namen der adligen Damen und Herren ihres umfangreichen Gefolges auf. Ihren Bruder Prinz Alexander führte sie unter seinem Kosenamen »Dodo« auf. Das Schiff glitt über den Rhein Richtung Köln. Zwei Tage nach ihrer Abreise in Rotterdam stieg sie dort in einen modernen Dampfzug um, der über Koblenz nach Mannheim fuhr. Jeden Abend bekam sie von einem Lehrer Italienischunterricht.

Über Straßburg, wo Sophie noch schnell einen Abstecher in die Kathedrale machte, und Basel erreichten sie den Neuenburgersee, der, wie sie notierte, von einem märchenhaften, rosa Schaum bedeckt war. Mit ihrer Mutter spazierte sie am Ufer entlang und genoss die Aussicht. Zwar war auch die Königin begeistert, doch kannte Sophie die Launen ihrer Mutter nur allzu gut. Von Kindesbeinen an hatte sie unter ihnen gelitten. An einem der folgenden Abende vermerkte sie, die Königin sei besonders schlecht gelaunt. Am nächsten Morgen war die Stimmung noch schlechter. Sophie vertraute ihrem Tagebuch an, die Königin habe absurderweise verkündet, sie werde den ganzen Tag des 3. September im Bett verbringen, was sie auch getan habe. Während ihre Mutter den schönen Tag im abgedunkelten Hotelzimmer verbrachte, erkundete Sophie neugierig die Umgebung. Sie machte eine Wanderung, um einen Ausblick auf das eindrucksvolle Mont-Blanc-Massiv zu haben. Sie besichtigte die Villa Diodati, in der der von ihr so verehrte englische Dichter Lord Byron gewohnt hatte. Sie wollte das Schloss Chillon sehen, in dem sich Byrons *Prisoner of Chillon* abspielt. Abends saß sie im vertraulichen Gespräch mit ihren Hofdamen auf dem Balkon unter einem Orangenbaum und genoss den Anblick des Mondscheins, der den gesamten See erhellte. Man habe nach dem Spaziergang einen Tee getrunken und sei traurig gewesen, weil die Weiterreise bevorgestanden habe.

Am nächsten Tag unternahm Sophie eine Wanderung nach Chamonix. Für die ungeübte Prinzessin war es ihre erste Bergbesteigung, wie sie bekannte. Doch Aufgeben war nicht ihre Art. Mit ihrem Führer kletterte sie bis zum eisernen Gipfelkreuz und genoss die Aussicht.

Ihre Mutter wünschte, ganz allein in einem Sechsspänner weiterzureisen. Bei ihrer Ankunft im Hotel schlug die Stimmung um. Die Königin erwartete die Reisegruppe in miserabler Laune und machte eine Szene. Die Prinzessin versuchte, sie mit strengen und beschwichtigenden Worten zu beruhigen. Sie wusste nur wenig über den »Wahnsinn«, den die russischen Vorfahren ihren Kindern und Enkeln vererbt hatten. Wenn ihr ältester Bruder Wilhelm wieder einmal tobte, erinnerte Wilhelm II. manchmal an die Geisteskrankheit seines Schwiegervaters, Zars Paul I.

Am 16. September erreichten die Reisenden Mailand. Zahlreiche Adlige und Honoratioren machten ihnen ihre Aufwartung. Sophie entkam und erkundete die Stadt. Die Kathedrale gefiel ihr besonders gut. Bei ihrer Rückkehr fand sie im Hotel einen Brief ihres Bruders Heinrich vor. Dieser hatte bei der königlichen Marine Karriere gemacht und lag derzeit mit seiner Flotte im Hafen von Genua, wo er auf die Reisegruppe wartete. Am 17. September notierte sie erneut einen Tiefpunkt der Stimmung ihrer Mutter: Nachts habe sie eine Krise erlitten. Am nächsten Morgen nahm Sophie sie, obwohl sie sich kaum erholt hatte, mit ins Dominikanerkloster, um Leonardo da Vincis *Letztes Abendmahl* zu bewundern. Sie freute sich auf Genua, weil sie dort zum ersten Mal das Mittelmeer sehen würde. Prinz Heinrich erwartete sie schon. Prinz Carl von Preußen und Sophies Schwägerin Marie von Sachsen-Weimar-Eisenach, die auch auf Reisen waren, schlossen sich ihnen an.

Abends fand eine märchenhafte Flottenparade mit beleuchteten Segelschiffen statt, die die fürstliche Gesellschaft vom Deck von Heinrichs Flaggschiff aus verfolgen konnte. Musik erklang, und beim Souper erhoben die hohen Gäste das Champagnerglas auf das Wohl der Zarentochter Anna Pawlowna. Alle *Palazzi* am Hafen von Genua entzündeten Bengalisches Feuer, sodass die Fassaden in verschiedenen Farben leuchteten. Kanonenschläge bildeten den krönenden Abschluss dieses großartigen Abends. In ihrem Tagebuch vermerkte Sophie, zwischen Himmel und Meer könne es nichts Schöneres geben.

Die Königin schien ihre Wutanfälle überstanden zu haben. Doch der Schein trog: Sophie, die angefangen hatte, sie zu nummerieren, beschrieb am 5. Oktober Anfall Nummer vier als einen »Zustand völligen Wahnsinns«.

Als die Königin auf dem Weg nach Süden durch die hohe Dünung seekrank wurde, erlitt sie einen weiteren Schub ihrer Nervenkrankheit und verlor den letzten Rest Selbstkontrolle. Sophie war eine der wenigen an Bord, die kein bisschen seekrank war. Man fuhr nach Livorno und besichtigte Pisa. Danach wurde das letzte Stück Weges in Kutschen zurückgelegt, und man erreichte das Ziel: die ewige Stadt.

Sobald die Kuppel des Petersdoms in Sicht kam, fühlten sich viele Passagiere an Goethes *Italienische Reise* erinnert. »Morgen abend also in Rom«, hatte dieser im Oktober 1786 geschrieben, nachdem er sich vom großherzoglichen Hof losgerissen hatte und Richtung Süden gereist war. »Ich glaube es noch jetzt kaum, und wenn dieser Wunsch erfüllt ist, was soll ich mir nachher wünschen; [...]«[2].

Seine Worte begleiteten Sophie ab dem Moment, an dem sie aus ihrer Kutsche die mächtige Silhouette der Stadt näherkommen sah. Um fünf Uhr nachmittags setzten die Kutschen ihre fürstlichen Passagiere vor ihrer Unterkunft in Rom ab. Später vermerkte Sophie einen Spaziergang bei Mondschein nach dem Abendessen.

Am Freitag, den 9. Oktober flanierte sie mit Dodo erstmals über die Piazza del Popolo und erklomm auf einem von Pinien gesäumten Weg den Monte Pincio, von dem aus sich ein Panorama der Stadt bot. Ihr Blick schweifte von der Porta del Popolo bis zum Anfang der Via del Corso. Dort befand sich das Haus, in dem Goethe seine Jahre in Rom verbracht hatte. Er schrieb: »Ich lebe nun hier mit einer Klarheit und Ruhe, von der ich lange kein Gefühl hatte.«[3]

Schon bald musste sie zu ihrer Unterkunft zurückkehren, denn die Königin hielt eine Audienz. Die gesamte römische Regierung machte ihr ihre Aufwartung. Sobald sie sich entfernen durfte, besichtigte sie Santa Maria Maggiore, um die Mosaiken zu bewundern, und danach San Paolo. Bei ihrer Rückkehr wollte ihr Bruder in den verwunschenen Gärten der Villa Borghese spazieren gehen. Nach dem Diner und dem Tee hatte die Prinzessin noch genug Energie, um erneut zum Petersplatz zu gehen und von dort zum von Unkraut überwucherten Kolosseum, das beim Licht des zunehmenden Mondes einen düsteren Anblick bot.

Am 12. Oktober wurde sie zu einem Besuch beim Papst im Quirinalspalast geladen. Eher neugierig als ehrfürchtig betrat sie das Gebäude. Die Königin und die Prinzessin wurden in den Audienzsaal geführt. Königin Anna empfand eine tiefe Abneigung gegenüber dem Papst als Oberhaupt der römisch-katholischen Kirche, die in Russland verpönt war. Entsprechend entschied sie sich, ihm in seiner Funktion als weltlicher Herrscher des Vatikanstaats zu begegnen und nicht als Vertreter Gottes auf Erden.

Der Besuch bei Papst Pius IX. im Quirinalspalast fand mittags statt, wie Sophie notierte. Der Heilige Vater, der sie empfing, stammte aus einer toskanischen Adelsfamilie und hatte Philosophie studiert. Bei der Begrüßung seiner Gäste strahlte sein Gesicht so viel Noblesse und Weisheit aus, dass Sophie all ihre Vorurteile vergaß. In ihrem Tagebuch vermerkte sie, er habe passabel Französisch gesprochen und sei sehr liebenswürdig gewesen. Der Besuch habe eine Dreiviertelstunde gedauert.

Am 13. Oktober war es noch sonnig und warm. Sophie flanierte durch den Garten der Villa Pamfili. Ihr Bruder war in letzter Zeit schnell müde, und doch erklomm er mit seiner unternehmungsfreudigen Schwester die Kuppel des Petersdoms, wo sie ihren Namen in die Wand ritzte, und sie sahen sich die Stanzen des Raffael an. Mit ihrer Mutter besuchte sie die Sixtinische Kapelle mit dem Jüngsten Gericht, von dem Sophie nicht besonders beeindruckt war. Auch hier ritzte sie zur Erinnerung an ihren Besuch mit einem Jagdmesser ihrer beider Namen in die Wand.

Am 19. Oktober vermerkte sie mit einer lateinischen V den fünften und schlimmsten Anfall der Königin, bei dem sie »Absurditäten und einen Zustand des massiven Wahnsinns« konstatierte. Sophie hatte laut und deutlich ihre Meinung gesagt, woraufhin die Königin völlig ausgerastet war, jeden abscheulich beschimpft und mit Racheaktionen gedroht hatte. Peinlich berührt und verletzt stand Sophie in ihrer Unterkunft, umringt von all den Hofdamen und Kammerherren, die sich wie geschlagene Hunde um sie herum gruppiert hatten. Als alle Anwesenden erschöpft waren, versuchte sie ihren Standpunkt zu verteidigen, bis die Königin zu guter Letzt klein beigab.

In den letzten Tagen ihres Aufenthalts sammelte sie so viele Eindrücke wie möglich. Visconti höchstpersönlich geleitete sie zum Stadttor. Als sie am 28. Oktober in Nizza an Land gingen, wurde das Wetter plötzlich herbstlich. Sophie nahm an diesem Tag den Stift nicht zur Hand. Am 13. November schrieb Anna Pawlowna ihrem Bruder Zar Nikolaus I., dass sie in zwei Tagen die Heimreise antreten werde, nachdem man drei Monate unterwegs gewesen sei. Die Reise sei ein Erfolg auf ganzer Linie gewesen, man habe die ganze Zeit wunderbares Wetter gehabt, und sie habe besonders schöne Erinnerungen an die Länder, die sie besucht habe.

BEI KÖNIGIN VICTORIA

Im April 1847 musste Sophie Hals über Kopf Mann und Sohn verlassen. Sie hatte die Nachricht erhalten, dass ihr Vater einen Schlaganfall erlitten hatte. Bei ihrer Ankunft auf Kneuterdijk traf sie ihn im Bett an. Der König machte sich große Sorgen um seinen Lieblingssohn Alexander, denn es hatte sich herausgestellt, dass er an der Schwindsucht litt. Darüber hinaus hatte der König große finanzielle und politische Probleme. Kronprinz Wilhelm interessierte sich nicht für Staatsgeschäfte. Er beschäftigte sich lieber mit Jagen, Trinken und Frauen. Seine Frau nannte ihn schlichtweg wahnsinnig. Königin Anna konnte den Anblick ihres kranken Mannes schlecht ertragen. Aus diesen Gründen übernahm Sophie die Führung. Die Minister klärten sie über die katastrophale wirtschaftliche und soziale Lage des Königreichs auf. Die Wut der Bevölkerung nahm zu.

Dynastische Verpflichtungen: Königin Victoria und Prinzgemahl Albert von Sachsen-Coburg

Anfang Mai erlitt Wilhelm II. einen zweiten Schlaganfall. Sehr zur Freude der Prinzessin traf ihr Mann überraschend in Den Haag ein. Doch kam er weder, um ihr zu helfen, noch, um sie zu trösten. Er zeigte ihr eine Einladung von Königin Victoria nach London. Carl Alexander empfand es als ihre dynastische Pflicht, ihn zu begleiten. Er freute sich darauf, England wiederzusehen. Der Hofarzt war der Ansicht, der königliche Patient sei außer Lebensgefahr, sodass die Prinzessin durchaus nach England reisen könne. Zu ihrer Beruhigung war ihr Bruder Heinrich schon unterwegs, um den kranken Alexander mit seinem Segelschiff nach Madeira zu bringen, wo dieser dank des milden Klimas womöglich genesen würde.

In London angekommen bezogen Sophie und ihr Mann Marlborough House. Zusammen meldeten sie sich zur Audienz bei Königin Victoria und Prinzgemahl Albert von Sachsen-Coburg und Gotha. Die britische Königin war fünf Jahre älter als Sophie und genauso klein. Im Jahr zuvor hatte sie ihr fünftes Kind bekommen.

Das Fürstenpaar aus Weimar wurde zum Bankett auf Schloss Windsor geladen und musste danach nach Cambridge reisen, wo der Prinzgemahl zum Lord Chancellor des Trinity College ernannt wurde. Nach dieser beeindruckenden Zeremonie nahmen Sophie und ihr Mann an einem Bankett mit 130 Gästen teil. Zeit zum Ausruhen blieb ihnen kaum.

Sobald sie wieder in Den Haag eingetroffen waren, eilte Sophie zu ihrem Vater. Er war schon wieder dabei, eine Reise nach Tilburg zu planen, wo er gerade einen neugotischen Palast bauen ließ. Die Prinzessin nahm Abschied von ihren Eltern und kehrte nach Deutschland zurück. Den Rest des Sommers verbrachte sie bei ihrem kleinen Prinzen auf Schloss Ettersburg. Im September traf dort Andersen als Ehrengast ein. Fünf Tage später musste er schon wieder weiterreisen, und der Erbgroßherzog brachte ihn persönlich zum modernen Bahnhof, der am Rand von Weimar gebaut worden war. Am Bahnsteig versicherte der Märchenautor ihm, er werde im Frühjahr wiederkommen. Er umarmte seinen Freund und stieg die steilen Stufen in sein Coupé hinauf. Sie konnten nicht ahnen, dass ein grausamer Kampf sie fünf Jahre lang trennen würde.

DIE REVOLUTION VON 1848

Sophie und der Prinz ritten bis spät in den Herbst hinein durch den Buchenwald an der Ettersburg, der dank Pückler neue Sichtachsen bot. Die Bauern, die die letzte schmale Ernte von den Feldern einbrachten, lüfteten ehrfürchtig ihre Mützen.

Weder im Großherzogtum noch in den fürstlichen Schlössern in den umliegenden Ländern spürte man, dass die soziale Unruhe gefährliche Formen annahm. Doch als erneut ein Winter mit extremer Kälte, Hunger und Entbehrungen kam, konnte der Aufstand nicht ausbleiben.

Am Nachmittag des 2. März 1848 waren Carl Alexander und Sophie gerade erst wieder in Ettersburg eingetroffen, als ein Bote sie im Namen der Großherzogin ersuchte, sofort in die Hauptstadt zurückzukehren. Der Zustand war kritisch. Als sie sich dem Schloss näherten, hörten sie schon in der Kutsche anschwellendes Lärmen. Auf dem Marktplatz wurde geschrien, Gruppen von Arbeitern fanden sich zusammen und schwenkten Fahnen. Der Erbgroßherzog und seine Frau nahmen den Hintereingang und hasteten die Treppen hinauf. Da trafen sie Maria Pawlowna und Carl Friedrich an. Zum ersten Mal machte Maria Pawlowna einen aufgelösten Eindruck. Ihr Hofkapellmeister Franz Liszt hatte einen Brief aus Paris erhalten, in dem ihm seine Freunde vom Ausbruch einer Revolution schrieben. Kurz darauf war ein Kurier aus Frankreich eingetroffen mit der Meldung, König Louis-Philippe habe unter dem Druck der wütenden Menschenmenge abgedankt. Er war mit der königlichen Familie nach England geflüchtet. In den französischen Zeitungen wurde von Soldaten berichtet, die auf Demonstranten schossen. Die Pariser Boulevards seien übersät mit Toten und Verletzten. Überall seien Barrikaden errichtet worden, die mit bewaffneten Bürgern bemannt seien. Sie forderten die Abschaffung der Adelsprivilegien, Pressefreiheit, die demokratische Wahl von Abgeordneten und die Ersetzung der alten, konservativen Minister. In Paris wurde die *Deuxième République* ausgerufen, in der Charles-Louis-Napoleon Bonaparte eine prominente Rolle spielte.

Noch mehr beunruhigte der Bericht, die Revolution sei schon in andere Länder hinübergeschwappt. In Berlin versammelte sich eine wütende Menschenmenge vor dem Schloss des preußischen Königs. Maria Pawlowna und Carl Friedrich machten sich Sorgen um ihre Töchter Augusta und Marie und ihre Enkelkinder in Berlin.

Carl Friedrich glaubte, dass Weimar nicht in Gefahr sei. Das Großherzogtum verfügte schließlich schon seit Carl August über ein Grundgesetz. Unter Einfluss seines Ministers Goethe hatte er eine moderne Politik geführt, was ihm und seinen Nachfolgern den Respekt und die Liebe seiner Untertanen einbrachte. Umso schockierender war es, als sie in ihrem Salon hörten, wie Arbeiter, angefeuert von Jenaer Studenten, johlend die Zäune des Schlosses überwanden. Sie stürmten zu den verschlossenen Eingangstüren. In der Dämmerung schwenkten sie Fackeln und grölten aufwieglerische Parolen.

Sophie sah, wie sich immer mehr Rebellen näherten. Man zog sie vom Fenster weg, denn bei mehreren Politikern waren bereits Fenster eingeworfen worden. Ihre Schwiegermutter sah von ihrem ungeschickten Mann zu ihrem Sohn. Keiner der beiden verfügte über ausreichend Tatkraft, meinte sie. Später beschrieb der Schauspieler Eduard Genast, der alles aus nächster Nähe miterlebte, wie er mit einer Gruppe von Bürgern zum Schloss stürmte, um den Fürsten und sein Haus zu schützen. Im Handumdrehen strömten über 500 Bürger herbei, die alle Eingänge zu den fürstlichen Gemächern versperrten, in denen die Familie ängstlich beisammensaß. Zwar hätten 50 Bajonette dem Spuk ein Ende bereiten können, doch der gutmütige Fürst verbot jegliche Form des militärischen Eingreifens.

Sophie sah, dass Maria Pawlowna sich mit den Ministern in eine Ecke zurückzog, um sich zu beratschlagen. Doch auf einmal ergriff der Großherzog die Initiative. Die Prinzessin sah, wie ihr Schwiegervater nach vorne trat und seelenruhig das Fenster öffnete, um seinen Kopf rauszustrecken. Die Menge verstummte beim Anblick ihres furchtlosen Fürsten, der die plötzliche Stille dazu nutzte, um mit lauter Stimme zu verkünden, dies sei keine Art, ein Anliegen vorzubringen. Man möge ihm die Forderungen schriftlich einreichen, dann werde er sehen, was sich tun lasse. Dann fügte er freundlicher, jedoch bestimmt hinzu, er wünsche allen eine gute Nacht und hoffe, sie werden ebenso gut schlafen, wie er zu schlafen gedenke. Großherzogin Maria stand wie angewurzelt da, während Carl Friedrich das Fenster schloss und mit den Händen hinterm Rücken ruhig in sein Schlafzimmer ging.

Die Studenten aus Jena mit ihren roten Mützen verließen den Platz als Erste. Es blieb die ganze Nacht unruhig in der Stadt. Dem Großherzog war es an diesem Abend gelungen, den richtigen Ton zu treffen, um den ersten Angriff friedlich abzuwehren. Maria Pawlowna wusste jedoch, dass die Gefahr durch dieses einmalig mutige Auftreten nicht gebannt war. Die Aufständischen forderten den Rücktritt einiger alter, konservativer Minister und das Nachrücken junger Liberaler. Am 5. März gab der Großherzog nach. Auch die unbeschränkte Pressefreiheit wurde verkündet. In der Folge dieser Maßnahme erschien eine Flut demokratischer Pamphlete in aufrührerischem Ton. Ein Werk, dass *Das Kapital* hieß und von Karl Marx verfasst worden war, machte die Runde: »Proletarier aller Länder, vereinigt euch!«, lautete sein Aufruf.

Erinnerungen an den Aufstand von 1830, den Sophie als Kind miterlebt hatte, drängten sich auf. Die Versuche ihres Großvaters, den Aufstand zu unterdrücken, hatten zu nichts als Blutvergießen und dem Verlust seines halben Königreichs geführt. Im Gegensatz zu Wilhelm II. war seine Tochter liberal, genau wie ihr Mann. Sophie las in Weimar beunruhigt niederländische Zeitungen. Im *Handelsblad* stand, Wilhelm II. müsse Lektionen aus Paris ziehen und werde gezwungen sein, Zugeständnisse zu machen. Auf Plakaten in Amsterdam wurde eine Republik gefordert.

Sophie ging in ihr Büro und begann einen Brief an ihren geliebten Vater. Sie hielt ihm die zwei Möglichkeiten vor Augen: auf die Stimme des Volkes zu hören oder eine Revolution zu provozieren. Wilhelm II. fand Halt in den Briefen seiner Tochter. Anfänglich hatte er die Meldungen aus Paris als Gerüchte abgetan. Aber aus allen Ecken Europas erreichten ihn erschütternde Berichte: In Berlin wurde gefordert, alle Staaten und Kleinstaaten zu einer deutschen Republik zu vereinigen. Der König von Preußen fühlte sich wegen seines mächtigen Verbündeten Kaiser Ferdinand I. von Österreich unantastbar. Als die Revolution in Wien Erfolg hatte und der Kaiserthron wankte, hatte er plötzlich mit der Rettung seiner eigenen Position alle Hände voll zu tun.

Am 19. März verkündigte Friedrich Wilhelm IV. notgedrungen die Pressefreiheit. Er fuhr sogar mit einer schwarz-rot-goldenen Flagge an seiner Kutsche durch Berlin, um dem Volk zu zeigen, dass er ein vereinigtes Deutschland befürwortete. Den Rebellen genügte das eindeutig nicht. Schüsse fielen und Barrikaden wurden errichtet. Mit Entsetzen nahm die großherzogliche Familie in Weimar die Meldung auf, dass Artillerie eingesetzt worden war, um die Bürger in die Schranken zu weisen. Die Raserei schaukelte sich immer weiter hoch. Schließlich entschied sich der

König für ein liberales Ministerium. Sein jüngerer Bruder erklärte ihn für verrückt und hätte am liebsten noch mehr Soldaten ausgesandt. Der konservative Prinz schürte damit eine solche Wut, dass er aus Berlin flüchten musste. Er ließ Kronprinzessin Augusta mit den Kindern zurück und reiste über Den Haag nach England, wo er sich einer Gruppe Leidensgenossen anschloss.

Mailand griff gegen die Österreicher zu den Waffen, Venedig rief die Repubblica di San Marco aus und auch in Sardinien und Piemont blieb eine Reaktion nicht aus. Die Großherzoge von Parma, Modena und Toskana folgten Venedigs Beispiel. Der sanftmütige Papst Pius IX. versprach im Vatikan die Errichtung eines Gremiums gewählter Volksvertreter. Dadurch schien sein weltlicher Einfluss vorläufig gerettet. Doch es dauerte nicht lange, bis der Heilige Vater doch aus dem Vatikan flüchten musste.

Der neue König Friedrich VII. von Dänemark trat sein Amt an mit einer demokratischen Gesamtstaatverfassung, und in Hessen und Baden folgten die Fürsten unter dem Druck des Volks diesem Vorbild.

Als Sophie hörte, dass ihr Vater in der Nacht vom 16. auf den 17. März 1848 an seinen Ministern vorbei die einzig richtige Entscheidung getroffen hatte – eine liberale Verfassung in Aussicht zu stellen –, fiel ihr ein Stein vom Herzen. Zu den verblüfften Gesandten von Österreich, England, Preußen und Russland sagte Wilhelm II., sie sähen einen Mann vor sich, der sich in 24 Stunden von sehr konservativ zu sehr liberal gewandelt habe.

Die Nachricht wurde unter den Aufständischen in Den Haag mit Jubel empfangen. Der König beugte sich ihren Forderungen. Das ermutigte sie, noch weiter zu gehen. Doch am nächsten Morgen wurde die traurige Nachricht bekannt, dass Prinz Alexander in Madeira gestorben war. Sogar die fanatischsten Bürger hatten Mitgefühl mit der Königsfamilie. Alle Demonstrationen wurden abgesagt. Sophie hielt sich gerade im Weimarer Stadtschloss auf, als sie vom Tod ihres geliebten Bruders erfuhr. Sie verhängte eine einmonatige Hoftrauer.

Im Sommer vermisste sie die Briefe ihres Bruders mit Neuigkeiten von ihrer Familie in Den Haag, und auch von den Tieren auf ihrem kleinen Bauernhof in Soestdijk berichtete ihr nun niemand mehr. Zum Trost wusste ihr Leibarzt ihr mitzuteilen, dass sie wenige Monate schwanger sei. Wieder kreuzten sich die Wege zweier geliebter Seelen an der Grenze von Leben und Tod.

Das Jagdschloss Ettersburg, Rückzugsort ohne Protokoll und Etikette

Prinz Carl August war inzwischen vier Jahre alt, und man erwartete ungeduldig die Geburt eines zweiten Sohnes. Franz Liszt bestimmte weiterhin das musikalische Angebot auf Ettersburg. Er arbeitete am Theater, bereitete Hofkonzerte vor, leitete einen Männerchor und stand der Erbgroßherzogin für vier bis fünf Gesangsstunden pro Woche zur Verfügung, die er als eine vernünftige Prinzessin mit einer wunderschönen Stimme pries.

Auf Ettersburg schienen die Demonstration und Aufstände weit weg. Doch als Sophie im Spätherbst hochschwanger ins Stadtschloss zurückkehrte, erreichten sie täglich alarmierende Neuigkeiten. In den vergangenen Monaten waren schon fünfzehn Regierungen gefallen und konservative Minister verjagt worden, Fürsten hatten abgedankt. Nur Zar Nikolaus I. schwang noch immer eisern das Zepter über das russische Volk, dass von Hunger, Armut und Kälte zermürbt war und nicht mehr auf Verbesserungen hoffte.

In jenem Jahr fand die erste Sitzung der Frankfurter Nationalversammlung statt. Dort kamen liberale Vertreter aller deutschen Einzelstaaten zusammen. Sie hatten sich eine Einigung Deutschlands zum Ziel gesetzt. Sophie und Carl Alexander setzten große Hoffnung auf das neue Deutschland unter Führung des Königs von Preußen.

Sie folgten den Entwicklungen in Frankreich auf dem Fuße. Am 20. Dezember 1848 legte Charles-Louis-Napoleon Bonaparte, der sich fortan kurz Napoleon [III.] nannte, den Eid als erster Präsident der zweiten Französischen Republik ab. Präsident Napoleon war ein äußerst ehrgeiziger Mann, der von Rachegelüsten getrieben wurde. Seine Mutter, die holländische Königin Hortense von Beauharnais war im Exil am Bodensee verkümmert, sein Vater, König Louis Bonaparte starb im Exil in Florenz und sein Onkel, Kaiser Napoleon I., war einsam und schmachvoll auf St. Helena gestorben. Er fand, Frankreich schulde ihm mehr als nur das Präsidentenamt, gab jedoch öffentlich vor, nie mehr Rechte für sich beanspruchen zu wollen, als den französischen Bürgern zuständen.

Carl Alexander wartete den ganzen Winter auf Briefe von Andersen. Die Politik trieb sie auseinander. Als der neue dänische König die Herzogtümer Schleswig und Holstein seinem Königreich anschloss, reagierten die deutschen Staaten mit Entrüstung. Holstein gehörte offiziell zum Deutschen Bund, und die Bevölkerung war überwiegend deutsch. Die Einwohner riefen Preußen zu Hilfe gegen die Besatzer, und König Wilhelm schickte mit Genehmigung der Frankfurter Nationalversammlung Truppen nach Norden.

Andersen war leidenschaftlicher Patriot. Als er eigentlich in Weimar erwartet wurde, übte er Verrat an seiner Freundschaft. So habe er sich das nicht vorgestellt, als sie sich in Weimar am Zug verabschiedet hätten, schrieb er seinem Freund traurig. Der Prinz antwortete würdevoll, wahre Freundschaft stehe über politischen Entwicklungen, doch Andersen reagierte kühl. Er sah voraus, dass Carl Alexander Partei ergreifen werde.

ZITTAS GEBURT

Am 20. Januar 1849 brachte Sophie eine Tochter zur Welt: Marie Anna Alexandrine Sophie Auguste, von der Familie Zitta genannt. Die Nachricht von der Geburt eines Mädchens stieß auf Enttäuschung. Man ging davon aus, dass Sophie noch zu jung sei, um Söhne zu gebären. Sophie verbarg ihren Ärger erhobenen Hauptes, wie sie es inzwischen gewöhnt war. Königin Anna äußerte sich in einem Brief an ihren Bruder in Sankt Petersburg freudig über die Neuigkeit, erkannte sie doch einen Strahl des Trostes und des Glücks und erhoffte sich für die Eltern, dass sie die beste und liebevollste aller Töchter werde.

Carl Alexander war so glücklich über die Geburt seines Töchterchens, dass er Andersen einen freudigen Brief aus dem Schlafzimmer schrieb, wo er als treuer Gatte Wache halte. Mutter und Kind seien wohlauf. Auf eine Antwort musste er bis Ende März warten. Andersen beglückwünschte ihn zwar, jedoch nur kurz und bündig, sprach ihn als Erbgroßherzog an und unterschrieb den Brief nicht.

Als Anna Pawlowna eines Morgens die Den Haager Zeitung aufschlug, las sie beunruhigende Neuigkeiten aus Europa. Der Krieg in Schleswig-Holstein bedrohte Sophies Familie in Weimar. Auch aus Italien hörte sie nichts Gutes. Dort waren Pamphlete aufgetaucht, die allen Päpsten, angefangen bei Papst Pius IX., die weltliche Macht absprachen. Sie sah den freundlichen Heiligen Vater vor sich und las weiter: Das Volk werde das Kardinalskollegium fortan Kollegium der Hölle nennen.

Aus Köln erfuhr sie, dass die sächsische zweite Kammer einen Entwurf vorgelegt habe, aus dem hervorgehe, dass das sächsische Volk zwar die deutsche Einheit begrüße, jedoch kein Regierungsoberhaupt dulden wolle, das aus Gründen der Erbfolge das Amt erhalte.

LISZT UND WAGNER

Nach dem Wochenbett nahm Sophie ihre Gesangs- und Klavierstunden wieder auf. Liszt hatte sich auf einer Tournee durch Russland in die steinreiche, verheiratete Fürstin Carolyne zu Sayn-Wittgenstein verliebt. Diese Entwicklung bedeutete das Aus für die Beziehung mit der Mutter seiner drei Kinder Blandine, Cosima und Daniël. Carolyne forderte, ihr Liebhaber solle sich von den anstrengenden Konzertreisen verabschieden. Mit ihrem Vermögen wollte sie ihm ermöglichen, seine Qualitäten als Komponist und Dirigent zu entfalten. Mit ihrer zehnjährigen Tochter reiste sie nach Weimar, wo die weltoffene Großherzogin Maria sie unter ihre Fittiche nahm. Sie stellte ihr die Altenburg zur Verfügung, ein geräumiges Haus am anderen Ufer der Ilm. Carl Alexander und Sophie waren dort oft zu Besuch. Fast in jedem Zimmer stand ein Flügel, darunter ein Broadwood, auf dem Beethoven gespielt hatte. Liszt dekorierte die Wände mit Porträts moderner Komponisten wie Clara Schumann, Hector Berlioz und Richard Wagner. Letzteren betrachtete er als ein absolutes Genie.

Zu ihrem 63. Geburtstag wollte Liszt Maria Pawlowna mit neuer Musik überraschen. Wagner, der seit fünf Jahren am königlichen Theater von Dresden arbeitete, hatte sich hoch verschuldet. Liszt bezahlte diese Schulden großzügig. Am 16. Februar 1849 erklang zu Ehren der Erbgroßherzogin erstmals Liszts Klavierarrangement von Richard Wagners Ouvertüre des *Tannhäuser*. Das Publikum lauschte interessiert, konnte sich jedoch nicht erwärmen und reagierte am Ende mit sparsamem Applaus.

Sophies Schwiegermutter, der durch ihre zunehmende Schwerhörigkeit ein Teil des Stücks entgangen war, äußerte sich jedoch voll des Lobes. Liszt wollte gerne den *Tannhäuser* als vollständige romantische Oper in drei Akten auf die Bühne des Hoftheaters bringen und hoffte, Wagner selbst werde nach Weimar kommen und ihm dabei helfen. Doch der Dresdner Hofkapellmeister zählte gefährliche Anarchisten zu seinen Freunden und hatte hetzerische Reden gehalten. Damit verspielte er sich die Sympathie des sächsischen Königs für immer und befand sich in Lebensgefahr. Heimlich bereitete er seine Flucht vor.

DER TOD VON SOPHIES VATER WILHELM II.

Seit dem Volksaufstand in Weimar hatte Sophie das Gefühl der Ruhe und Geborgenheit verloren. Sie befürchtete, dass der Moment, an dem ihr Mann seinen militärischen Pflichten im Krieg gegen Dänemark würde nachkommen müssen, näher rückte. Ihr Schwiegervater war dafür zu alt. Carl Alexander hegte eine tiefe Abneigung gegen Waffen und Gewalt. Überall im Staat wurden Truppen mobilisiert. In Weimar lebten Frauen aller gesellschaftlichen Schichten in Furcht vor dem Moment, dass die Kriegstrommeln ihre Geliebten rufen würden.

Ausgerechnet in dieser Zeit erfuhr Sophie per Eilbote, dass der König in Tilburg einen Herzinfarkt erlitten hatte. Die Prinzessin ließ schnell ihr Gepäck packen und ging ins Kinderzimmer, um sich vom Prinzen und dem Baby und danach von Carl Alexander zu verabschieden. Dieser war sehr angespannt wegen des bevorstehenden Militäreinsatzes. Und jetzt verließ ihn auch noch seine Frau. Sophie versprach ihm, sie werde mit den Kindern zu seinem Empfang bereitstehen, wenn der Krieg zu Ende sei.

Dann reiste sie in die Niederlande. Nach einer bangen Fahrt traf sie eines Abends in Tilburg ein. Die Totenglocken der katholischen und der reformierten Kirchen läuteten schon. König Wilhelm II. war am frühen Morgen des 17. März 1849 im Alter von 56 Jahren gestorben. Ihr Vater lag aufgebahrt in einem bürgerlichen Wohnhaus. Prinz Heinrich stand mit dem Pastor und einem Priester in der Ecke und betete mit diesem zusammen.

Königin Anna betrat das Zimmer und warf sich in die Arme ihrer Tochter. Sie war wütend und ballte am Sarg die Fäuste. Heinrich zog seine Schwester in ein Nebenzimmer, wo er ihr von den letzten Lebenstagen ihres Vaters berichtete.

Kronprinz Wilhelm hatte in Den Haag Abschied vom König genommen und war mit seiner Mätresse zu einer Vergnügungsreise nach England aufgebrochen. Entgegen den Empfehlungen seines Leibarztes wollte dieser nach Tilburg reisen, wo der Bau seines neuen Schlosses kurz vor dem Abschluss stand. Bei Ankunft hatte er sich unwohl gefühlt. Der Leibarzt hatte jedermann verboten, den König zu belästigen. Doch der Königin war zu Ohren gekommen, was passiert war. Sie reiste sofort nach Tilburg, wo ihr der Leibarzt den Zutritt zum Krankenzimmer verwehrte. Anna werde ihren Mann durch ihr Verhalten nur unnötig aufregen. In der Nacht klagte der König über Enge in der Brust. Der Arzt setzte ihn in einen Krankenstuhl, in dem er ruhig entschlief. Seine Frau hatte sich nicht mehr von ihm verabschieden können. Das vergab sie ihrem Hofarzt nie.

Die Nachricht von seinem Tod wurde jetzt in Den Haag verkündet. Als der Minister bei Kronprinzessin Sophie von Württemberg vorsprechen wollte, war ihr sofort klar, welche Botschaft er überbrachte. Der König war nach einer Regierungszeit von nur neun Jahren gestorben und hatte den Thron seinem ältesten Sohn überlassen. Lady Malet schrieb sie, sie habe sofort ihre Minister eine Delegation zusammenstellen lassen, die den neuen König in England abholen sollte. Man erwartete, dass dieser auf den Thron verzichten werde.

In dem plötzlichen Chaos fragte man sich, wo der Thronfolger eigentlich steckte. Prinzessin Sophie verlangte, dass die Thronfolge entsprechend der Tradition des Hauses Oranien respektiert werden möge. Wenn Wilhelm sich bei seiner Rückkehr wie ein würdiges Mitglied des Königshauses verhielte, würden seine Untertanen sicher Zutrauen fassen.

Man fand Kronprinz Wilhelm an der Grenze zu Schottland. Seine Frau begab sich in Trauerkleidung mit ihrem Gefolge nach Hellevoetsluis, um dort auf ihn zu warten. Bei seinem Eintreffen antwortete der Kronprinz auf ihre Frage, ob er angenommen habe, schlicht mit ja. Daraufhin fuhr er als Wilhelm III. nach Den Haag. Seine Königin reiste nach Tilburg weiter, um Abschied von Wilhelm II. zu nehmen. Dieser lag aufgebahrt im Vestibül seines neogotischen Traumschlosses, in dem er nie hatte wohnen dürfen. Dann wandte sich die neue Königin ihrer Schwiegermutter zu, um ihr ihr Beileid auszusprechen, doch als sie deren Wut sah, die jegliche Zärtlichkeit vermissen ließ und an Raserei grenzte, wandte sie sich angewidert ab.

Prinzessin Sophie nahm ihre Mutter in Schutz. Ihr blieb nur wenig Zeit, um den Verlust ihres Vaters zu trauern. Sie war in Sorge um Carl Alexander, der inzwischen Weimar verlassen hatte, um seine Truppen gegen die Dänen anzuführen.

Der verstorbene Fürst wurde auf einem Trauerschiff zum Hafen von Rotterdam gebracht. Am Morgen des 4. April standen der König, Prinz Heinrich und Prinz Friedrich bereit, um den Verstorbenen auf seinem Weg in die Gruft in der Neuen Kirche in Delft zu begleiten. Sophie betete still, dass der neue König sich würdevoll verhalten werde.

Entlang aller Delfter Grachten und Straßen drängten sich die Zuschauer. Sie musterten den neuen König mit unverhohlener Neugier. Über sein schlechtes Benehmen machten schockierende Geschichten die Runde. Der neue König beeindruckte jedoch mit seiner stämmigen Statur und dem breiten, rosigen, ernsten Gesicht. Als er die Delfter Kirche betreten wollte, löste sich eine kleine, seltsam gekleidete Gestalt aus dem Dunkel des Portals, der neunjährige Kronprinz. Die Zeitung schrieb, er habe einen Matrosenanzug und einen Trauermantel getragen. Man erhaschte einen Blick auf das ungerührte Gesicht des Kindes mit seinen fischartigen Augen. Er gesellte sich scheu zu seinem Vater, der es keines Blickes würdig achtete, und betrat mit ihm zusammen die Kirche. Dort fand der Gottesdienst statt, wonach der Sarg auf den Schultern von sechs Auserwählten die Treppen der Gruft hinabgetragen wurde.

Nach einer Weile kam auch Anna Pawlowna an Sophies Arm hinzu. Die Erbgroßherzogin stützte ihre Mutter, die in einen schwarzen Schleier gehüllt war. Sie stiegen die Stufen in die Gruft hinab, um dort vom verstorbenen König Abschied zu nehmen, dessen Sarg in der Dunkelheit neben den kurz zuvor verstorbenen Prinz Alexander stand. Mit Mühe führte Sophie die Königin-Witwe wieder die Treppe hinauf in die Welt der Lebenden.

DER NACHLASS

Nach der Beerdigung konnte Sophie noch nicht nach Weimar zurückkehren. Sie fühlte sich für die Zukunft der Dynastie der Oranier verantwortlich. Ihr ältester Bruder hatte schon verärgert verlauten lassen, er werde sich weigern, einen Eid auf die verachtenswerte liberale Verfassung abzulegen. Sophie redete auf ihn ein. Sollte er die Krone verweigern, werde seine Schwägerin bis zur Volljährigkeit des Kronprinzessen Wiwill Regentin des Königreichs werden.

Anna beschrieb in langen Briefen an den Zaren die angespannte Stimmung im Schloss. Sie sah den Ausdruck göttlicher Barmherzigkeit im liebevollen Verhalten von Wilhelm, der sich als idealer Sohn erweise. Auch Heinrich schenke ihr viel Trost und ihre Tochter Sophie empfand sie als ein Gottesgeschenk. Doch in der zweiten Hälfte des Briefes ließ sie alle Selbstbeherrschung fahren und erklärte Wilhelm als wegen mangelnder geistiger Kapazitäten ungeeignet, ein Land zu regieren.

Bei der Krönung in der Amsterdamer Neuen Kirche zeigte sich der 32-jährige Fürst, jetzt Wilhelm III., wider Erwarten würdevoll, und die Amsterdamer winkten der neuen Königin Sophie von Württemberg, die mit Kronprinz Wiwill und seinem kleinen Bruder in einer offenen Kutsche durch die Straßen fuhr, begeistert zu.

Die Erbgroßherzogin sah den Ministern die Erleichterung an, als ihr Bruder mit erhobener Hand den Eid auf die ihm verhasste Verfassung schwor. Die darauffolgenden Tage verbrachte sie mit dem Studium der Unterlagen im Nachlass ihres Vaters. Sie sammelte unbezahlte Rechnungen und entdeckte, dass er sich noch sechs Wochen vor seinem Tod eine Million Gulden beim Zaren geliehen hatte. Als Sicherheit hatte er Nikolaus seine Kunstsammlung angeboten. Darüber musste die Prinzessin ihre Mutter natürlich informieren. Diese äußerte sich in ihren Briefen an den Zaren dankbar für Heinrichs und Sophies Zuneigung und beschrieb deren Anwesenheit als wahren Segen.

Die neue Königin verfolgte heimlich die Aktivitäten ihrer Schwägerin, die die Geschäfte ihrer Mutter regelte. Einer englischen Freundin schrieb sie, es sei ihr bekannt, dass die Finanzen des verstorbenen Königs ein Trauerspiel seien und niemand wisse, wo sich die Familienjuwelen – darunter Diamanten, die einst Königin Maria Stuart gehört hatten – befänden.

DER ERSTE DEUTSCH-DÄNISCHE KRIEG (SCHLESWIG-HOLSTEINISCHE ERHEBUNG)

Sophie bemühte sich, die Aggressionen innerhalb ihrer Familie zu beschwichtigen. Doch ihre Anwesenheit in Weimar war jetzt erwünschter denn je. Die liberale Frankfurter Nationalversammlung hatte dem König von Preußen im März die deutsche Kaiserkrone angeboten. Friedrich Wilhelm IV. hatte jedoch hochmütig abgelehnt. Er werde nur von Fürsten eine Krone annehmen, nicht von Volksvertretern. Zutiefst enttäuscht musste man feststellen, dass der einst so liberale König von Preußen reaktionäre Charakterzüge zeigte.

Sophie war gewohnt, politische Themen mit ihrem Mann zu besprechen, doch der war schon am 22. April mit zwei Bataillonen nach Norden gezogen, wo er sich den Truppen des preußischen Generals von Prittwitz anschloss. In seinen Briefen berichtete er ihr, wie sie am 24. April das Feldlager erreichten. Getrieben von patriotischen Gefühlen bereiteten die vereinten Truppen des deutschen Bundesheers einen Angriff auf Jütland vor. Sophie erfuhr aus der Zeitung, dass dort am 3. Mai eine achtstündige Feldschlacht stattgefunden habe. Die deutschen Truppen hatten gesiegt, doch zu welchem Preis?

Für den Erbgroßherzog, der im preußischen Heer den Rang eines Generalmajors bekleidete, war der Feldzug seine Feuertaufe. Er hatte sich mit seinem Truppenteil in einem Wald befunden, als der Kugelregen auf sie niederging. Zwei Soldaten waren unmittelbar neben ihm gefallen. Prinz Carl von Preußen wurde schwer verwundet. Es wurde Sophie bewusst, dass ihr Mann sich in ständiger Lebensgefahr befand. Seine betagten Eltern, denen die Unterstützung der Schwiegertochter fehlte, standen Todesängste um ihn aus. Nach der Feldschlacht wurde Carl Alexander von König Friedrich Wilhelm IV. von Preußen zum Generalleutnant befördert.

Sophie hatte ihm versprochen, ihn bei seiner Heimkehr zusammen mit den Kindern zu empfangen. Dieses Versprechen musste sie halten. Es sah danach aus, dass seine Truppen im Juni zurückkehren würden. Die verbleibenden Wochen nutzte sie dazu, in Den Haag für Ordnung zu sorgen.

Das neue Königspaar zog mit dem kleinen Prinzen vom Haus am Plein ins königliche Schloss am Noordeinde. An der Vorderseite blickte man auf

Palais Nordeinde mit dem Reiterstandbild von Wilhelm dem Schweiger in Den Haag

ein bronzenes Reiterstandbild von Wilhelm dem Schweiger, dem Stammvater des Hauses Oranien.

Heinrich und Sophie mussten sich etwas ausdenken, um nicht bankrott zu gehen. Anna schrieb ihrem Bruder Nikolaus, eine Kommission habe das Inventar und die verfügbaren Aktiva aufgelistet und den Schulden gegenübergestellt, die sich auf 4,5 Millionen Gulden beliefen. Sie waren sich einig, dass der einzige Weg, diesen Schuldenberg abzutragen, darin bestehe, die Kunstsammlung ihres Vaters zu verkaufen. Allein im Gotischen Saal hingen acht Rembrandts.

Sophie gelang es noch gerade, die Kunstwerke, die ihr am meisten am Herzen lagen, für ihre Schlösser in Weimar zu retten. Prinz Heinrich erwarb ein Selbstporträt von Rembrandt, das er in seinem Palais am Voorhout aufhängte. Der Großteil der Sammlung verschwand zu Zar Nikolaus I. nach Russland. Bei verschiedenen Versteigerungen ergatterte der Marquess von Hertford in England Prunkstücke, und auch niederländische Privatsammler wussten, Schnäppchen zu machen.

Bei all dem Feilschen um die Kunstsammlung blieb Anna Pawlownas Kapital unangetastet. Ihr russisches Vermögen war bei ausländischen Banken in Sicherheit. Dadurch konnte sie aus dem Nachlass ihres Mannes

Schloss Soestdijk zurückkaufen. Auch der Landsitz Buitenrust mit dem angrenzenden Gut Zorgvliet wurden so Eigentum der Königin-Witwe. Sophie war vor allem froh, dass ihr kleiner Bauernhof in Soestdijk in der Familie blieb.

Da Carl Alexander nach dem Feldzug im Juni nach Weimar zurückkehren würde, musste die Prinzessin Den Haag verlassen. Sie erwartete ihn mit ihren beiden Kindern, ganz wie sie es versprochen hatte. Der Krieg hatte ihn verändert. Sein Traumbild von schönen Uniformen und Paraden war durch die schrecklichen Eindrücke auf dem Schlachtfeld zerstört.

Die Schleswig-Holsteinische Erhebung endete nicht so, wie es sich Carl Alexander in seinem Optimismus erhofft hatte. Im Juli verkündeten Dänemark und Preußen einen Waffenstillstand, und ein Jahr später unterzeichneten sie ein Friedensabkommen. Doch die schleswig-holsteinischen Nationalisten gaben ihr Ideal von Freiheit und Unabhängigkeit nicht auf. Am 25. Juli 1850 fand bei Idsted eine blutige Schlacht statt. Die Schleswig-Holsteiner mussten sich zurückziehen und legten schließlich unter internationalem Druck die Waffen nieder.

»Frieden!«, schrieb Hans Christian Andersen aus Dänemark Carl Alexander. »Frieden mit Deutschland!«, halle es durch das Land und deshalb auch in seinem Herzen. Sein königlicher Freund in Weimar legte den Brief zu all den anderen sorgfältig aufbewahrten Briefen von Andersen. Der Märchenautor schickte ihm eine bleischwere, gut getroffene Büste von sich, die Jens Adolf Jerichau angefertigt hatte. Carl Alexander gab der Skulptur einen Platz auf einem Sockel auf Schloss Ettersburg. Dort sah ihn Andersen jetzt mit leerem Blick und versteinertem Gesichtsausdruck an. Sie waren Freunde geblieben. Aber so wie früher würde es nie mehr werden.

Nach all der Trauer und den Spannungen im Haus Oranien verlangte Sophie nach der Ruhe auf ihrem geliebten Landsitz. Im Herbst stellte sich heraus, dass sie ihr drittes Kind erwartete. Die Hoffnung auf die Geburt eines zweiten Prinzen lebte wieder auf.

NACH SANKT PETERSBURG

Am 29. Mai 1851 brachte die Erbgroßherzogin ihre zweite Tochter zur Welt. Sie wurde nach ihrer niederländischen Großmutter Anna genannt und hatte dieselben dunkelblauen Augen wie diese.

Die Eltern baten die niederländische Königin Sophie, Patin zu werden. Doch deren jüngster Sohn Moritz war nach schwerer Krankheit gestorben, woran Wilhelm III. ihr die Schuld gab. Sie reiste nach Württemberg in der Hoffnung, dort Trost zu finden. Doch ihr Vater schickte sie wieder zurück zu ihrem Mann und forderte sie auf, sich wieder mit ihm zu versöhnen.

Einige Wochen nach den Tauffeierlichkeiten von Anna Sophie in Weimar nahm der reiselustige Carl Alexander sich die Zeit für einen Besuch bei seiner illustren Familie in Russland. Sophie vertraute ihre drei Kinder der Kinderfrau Frau Töpfer an und reiste am 6. Juli ab. Im Laufe ihres Aufenthalts lernte Sophie ihren Onkel Nikolaus, die Zarin und ihre Kinder kennen. Der Zar war ein kaltherziger, reaktionärer Despot, der seine Macht mithilfe einer Geheimpolizei und strenger Zensur durchsetzte. Seiner Schwester Anna in Den Haag schrieb Nikolaus über den Besuch, er habe das Vergnügen gehabt Sophie in seinem Hause zu umarmen. Sie habe einen charmanten, beherrschten, liebenswürdigen und vernünftigen Eindruck auf ihn gemacht und sei auffallend erwachsener geworden, seit er sie das letzte Mal gesehen habe.

In Europa herrschte ein heilloses Durcheinander. Nur die Throne von England und Russland blieben unangefochten. Zar Nikolaus I. warnte die deutschen Rebellen mit deutlichen Worten: Sollte in Deutschland eine Republik entstehen, werde er russische Truppen schicken. Die Frankfurter Nationalversammlung war inzwischen aufgelöst worden, der Deutsche Bund wiederhergestellt und in Wien hatte – dank des harten Durchgreifens der russischen Armee – der 19-jährige Kaiser Franz Joseph den Thron bestiegen und herrschte von dort über Österreich und Ungarn.

Nikolaus I. lebte zu sehr in seiner eigenen Welt, um zu merken, dass der junge deutsche Erbgroßherzog ein Befürworter der konstitutionellen Monarchie war. Sogar die Königin der Niederlande wurde immer republikanischer.

Übervoll von Eindrücken ihres Aufenthalts in Peterhof, Sankt Petersburg und Moskau kehrte Sophie drei Monate später zu ihren Kindern zurück.

Dort vernahm sie, dass Wilhelm III. und seine Frau nach ihrer erzwungenen Versöhnung im August einen Sohn bekommen hatten. Der neue männliche Nachwuchs schien den Fortbestand des Hauses Oranien-Nassau sicherzustellen.

In den Wintermonaten, während ein meterhoher Weihnachtsbaum den großherzoglichen Festsaal zierte, bereiteten Sophie und ihr Mann eine Ausstellung im Rathaus vor. Am 4. Februar 1852 schrieb Carl Alexander Andersen, man habe hier großen Kunstgenuss erlebt. Damit meine er vor allem die Ausstellung, die er zusammen mit seiner Frau organisiert habe, um zum ersten Mal einen Teil der Kunstschätze aus dem Nachlass seines Schwiegervaters, die jetzt ihr Eigentum seien, der Öffentlichkeit zu zeigen; meisterhafte Skizzen von Raphael, Michelangelo, Rubens, Van Dyck, Leonardo da Vinci. Zu letzteren gehörten Vorstudien der berühmten Köpfe, die er auf dem Abendmahl in einem Kloster in Mailand gemalt habe. Selten habe er etwas Beeindruckenderes gesehen als diese Porträtskizzen, die Ehrfurcht einflößten, aber uns vor allem mit dem Höheren der Seele konfrontierten.

Der dänische Schriftsteller nahm sich vor, auf dem Weg nach Italien einige Tage in Weimar zu verbringen. Carl Alexander beschränkte den Anteil an politischen Themen in ihren Gesprächen auf ein Minimum. Sophie, die während Andersens dreiwöchigen Besuchs nach Berlin und zurück reiste, um dort die Silberhochzeit ihrer Schwägerin Marie und Prinz Carl von Preußen mitzufeiern, kehrte Ende Mai erschöpft nach Weimar zurück.

Nach dem Abschied von Andersen fühlte Sophie sich geschwächt. Die aufeinander folgenden Sterbefälle in ihrer Familie, die dramatische Abwicklung des Nachlasses ihres Vaters, die Entbindung von Anna Sophie und der zermürbende Stress der Familienbesuche in Russland und Berlin hatten all ihre Kraft gekostet. Der Hofarzt machte sich Sorgen um die Prinzessin, die nie über Wehwehchen klagte. Ihr Wille war oft stärker als ihre körperliche Verfassung. Im Juni schrieb Carl Alexander der befreundeten Schriftstellerin Fanny Lewald, er reise womöglich bald nach Italien, denn die Ärzte schickten seine Frau in einen südlichen Badeort.

DIE ZWEITE ITALIENREISE

Der Großherzog bereitete sich gründlich auf die Reise vor. Er studierte Publikationen über die italienischen Kunstschätze, die Fanny Lewalds Liebhaber Professor Arthur Stahr verfasst hatte.

Sophie nahm besorgt von ihren betagten Schwiegereltern Abschied, die immer gebrechlicher geworden waren. Der neue, zehn Jahre jüngere Adjutant Leo Graf Henckel von Donnersmarck begleitete den Erbgroßherzog. Leo war ein Enkel der früheren Oberhofmeisterin von Maria Pawlowna und ein Neffe von Ottilie von Goethe. Am 5. Februar schrieb Carl Alexander in sein Tagebuch, dass sie sich seit heute duzten. Er fühle es in seinem tiefsten Inneren: Er möge ihn um seiner selbst willen und das mache ihn innigst glücklich. Der junge Mann äußerte manchmal scharfe Kritik am exaltierten Verhalten des Erbgroßherzogs und nahm nie ein Blatt vor den Mund.

Am 21. Juli erreichten sie das Schweizer Bergdorf Splügen. Um seine Eindrücke festzuhalten, begann Carl Alexander Skizzen von seiner Umgebung anzufertigen. Er musste davon ausgehen, dass sein alter Vater in nicht allzu ferner Zukunft sterben würde. Dann würde er sein Nachfolger und hätte womöglich weniger Zeit für Kunstreisen. Zusammen mit Leo und Sophie bummelte er durch die Villen am Comer See. Sophie beschrieb er in seinem Tagebuch als eine Gnade. Er dankte der Vorsehung aus tiefstem Herzen, ihm diese Frau und Kameradin geschenkt zu haben.

Am 9. August erreichten sie Rom. Ihr erster Besuch der Stadt dauerte nicht lange, denn sie mussten erst die Erbgroßherzogin zu einem Badeort bringen. Sie landeten auf einer Landzunge, die den Golf von Neapel von der Bucht von Salerno trennt. In Sorrento, auf den verborgenen Überresten griechisch-römischer Siedlungen, bezogen sie ihre Unterkunft, die zu ihrer Freude *Casa di Tasso* hieß. Das bot dem Erbgroßherzog die Gelegenheit, einen Lobgesang auf Goethes *Tasso* anzustimmen.

Gehüllt in gestreifte Badekleidung wurde Sophie von einem Bademeister täglich mehrmals zu einem Bad im salzigen, blauen Wasser der Bucht angehalten. So spülte sie die ganze Anspannung der vergangenen Jahre von sich ab. Mitte September fühlte sich Sophie viel stärker. Die kleine Gesellschaft kehrte nach Rom zurück. Einen Tag nach ihrer Ankunft traf Carl Alexander dort seinen Lehrer Pietro Ercole Visconti, den Leiter der vatikanischen Kunstsammlung. Von ihm geführt ließen sie sich durch die Stadt treiben.

Als sie eine Einladung empfingen, begaben sie sich in den Vatikanpalast. Dort wurden sie von Staatssekretär Kardinal Giacomo Antonelli willkommen geheißen. Er führte sie durch die umfangreiche Sammlung antiker Münzen und Ausgrabungsgegenstände.

Carl Alexander konnte seine differenzierte Kenntnis der Zahlensymbolik zum Besten geben; sein Lehrer Goethe hatte über 2000 Münzen und fast genauso viele Medaillen aus verschiedenen Jahrhunderten und Ländern besessen. Je länger er ihn ansehe, desto anziehender finde er sein Gesicht, schrieb der Erbgroßherzog über Antonelli, dieses Gesicht mit dem energischen Kinn, den afrikanischen Lippen und den feurigen Augen.

Der Kardinal erzählte seinen Gästen, der liberale Papst Pius IX. habe dem Vatikan-Staat schon früh eine Verfassung und allerlei Freiheiten geschenkt. Im Revolutionsjahr hatten die Aufständischen jedoch seinen Palast belagert und seine engsten Mitarbeiter getötet, sodass ihm nur die Flucht aus dem Vatikan blieb. Erst als ihn französische Soldaten auf Befehl Präsident Napoleons beschützt hatten, hatte er zurückkehren können.

Carl Alexander fragte Antonelli, ob seiner Meinung nach Charles-Louis-Napoleon Bonaparte, der durch einen Staatsstreich eine Macht ausgeweitet hatte, sich krönen lassen werde. Doch der Kardinal war felsenfest überzeugt, dass er eine solche Dummheit nicht begehen werde.

Am 1. November, an Allerheiligen, fand die Messe in der Sixtinischen Kapelle statt. Sophie, Carl Alexander und Leo betraten den Raum mit Michelangelos Fresken. Doch während Sophie versuchte, jedes Detail des Jüngsten Gerichts zu entdecken, sah sie, dass der Blick ihres Mannes gebannt auf den Chor gerichtet war, den gerade eine Reihe Kardinäle betrat. Unter allen Gesichtern erstrahle eins vor Geist und Kraft – das von Kardinal Antonelli. Carl Alexander konnte den Blick nicht abwenden und schrieb in sein Tagebuch, er habe nur körperlich anwesend geschienen; seine feurigen Augen hätten seinen Geist jenseits des Gitters und wunderbarerweise in seine Richtung geführt. Er habe seinen Blick auf ihn gerichtet; sogar als die Hostie erhoben worden sei, habe er ihn angesehen. Da er Liebe für ihn empfinde, seien ihm seine Blicke keine Last gewesen.

Sie wurden von Papst Pius IX. zur Audienz empfangen. Als er die päpstliche Sänfte mit wehenden Pfauenfedern und vergoldeten Stäben sah, gestand Carl Alexander seiner Frau, dass er diesen Prunk als ein unpassendes Überbleibsel aus der Vergangenheit betrachtete.

Beim Besuch des Ateliers des deutschen Bildhauers Emil Wolff beschloss Carl Alexander, dass er seine Frau in Marmor verewigen lassen wollte. Sophie posierte in aller Schlichtheit. Sie trug weder Kette noch Ohrringe, stattdessen einen Kranz aus frischen Blumen. Um ihren Mund spielte ein distanziertes Lächeln.

Bevor sie nach Weimar zurückkehrten, besuchten sie noch Ottilie von Goethe. Sie wohnte dort seit September 1852 in einer Mietswohnung, weil ihr Sohn Wolfgang als königlich preußischer Legationssekretär bei der Gesandtschaft in Rom tätig war. Goethes Enkel schienen nicht unter einem glücklichen Stern geboren zu sein. Wolfgang hatte allerlei psychische Leiden. Am meisten sorgte sich Ottilie allerdings um Walther. Sein Name machte einen Erfolg als Komponist unmöglich. Jetzt lebte er in Wien in einem armseligen Mietszimmerchen.

Carl Alexander hörte sich Ottilies Wehklagen geduldig an. Als sie ihren Besucher mit Tränen in den Augen fragte, ob er nicht etwas an der finanziellen Notlage ändern könne, versprach er ihr darüber nachzudenken.

Sophie verstand nicht, warum sie das Haus am Frauenplan und Goethes kostbare Sammlung noch immer nicht verkauft hatten. Sie nahm sich vor, mit den Brüdern darüber zu sprechen. Ottilie erzählte der Erbgroßherzogin, dass ihre gemeinsame Freundin Bettina von Arnim bei ihrem Aufenthalt in Rom bei dem aus Bremen stammenden Bildhauer Carl Steinhäuser eine riesige Goethe-Skulptur in Auftrag gegeben habe. Erst als diese fertig gewesen sei, sei ihr aufgefallen, dass sie sie nicht bezahlen könne. Die Plastik stehe im Atelier des Künstlers und warte auf einen Käufer. Sophie merkte, dass ihr Mann das Kunstwerk unbedingt haben wollte. Er plante ihm einen Platz in dem neuen Museum zu geben, dass er einst in Weimar bauen wollte.

Um ihrem Mann eine Freude zu machen, beschloss Sophie, die Statue selbst zu kaufen. Die Erbschaft ihres Vaters hatte sich letzten Endes doch nicht als so katastrophal erwiesen wie befürchtet. Als alle Schulden abbezahlt waren, zeigte sich, dass Wilhelm II. sehr klug in Grundstücke und Aktien investiert hatte. Diese brachten den Erben viele Millionen Gulden ein. Sophie konnte dem Bildhauer den verlangten Betrag zahlen und gab ihm auch Geld für den Transport.

Als die Straßen der Ewigen Stadt von den ersten winterlichen Regenschauern matschig wurden, machte sich das Großherzogliche Paar mit Leo auf die Heimreise. Unterwegs erreichte sie aus Frankreich die aufsehener-

Goethe und Psyche, die 1851 geschaffene Statue von Carl Steinhäuser, begrüßt heute die Besucher des Neuen Museums Weimar.

regende Nachricht, dass Charles-Louis-Napoleon Bonaparte sich zum Kaiser von Frankreich hatte ausrufen lassen. Am 2. Dezember 1851, 48 Jahre nach dem Tag, an dem sein Onkel Napoleon I. sich und Joséphine zu Kaiser und Kaiserin von Frankreich gekrönt hatte, bestieg er in seinem hermelinbesetzten Krönungsmantel als Kaiser Napoleon III. den Thron und gründete damit das *Zweite französische Kaiserreich*.

Als ihre Kutsche endlich auf dem Schlossplatz von Weimar vorfuhr, wurde Sophie unruhig. Aus dem oberen Stockwerk erklangen keine Kinderstimmen. Maria Pawlowna befand sich nicht in ihren Räumen. Die Großmeisterin bat sie zu warten; die Fürstin habe schon den ganzen Tag am Krankenbett des Großherzogs gewacht. Carl Friedrich fühlte sich schon einige Tage nicht wohl und hatte dringend seinen einzigen Sohn sprechen wollen. Maria Pawlowna hinderte Sophie daran, zum kleinen Prinzen zu gehen. Er lag mit Masern im Bett, und der Hofarzt war nicht sicher, ob er seine Schwestern schon angesteckt hatte. Allen Vorsichtsmaßnahmen zum Trotz steckten sich Carl Alexander und Sophie kurz nach ihrer Heimkehr mit dieser nicht ungefährlichen Krankheit an.

CARL FRIEDRICHS LETZTES JAHR

Am 16. Februar 1853 wurde Maria Pawlowna 67 Jahre alt. Zusammen mit dem geschwächten Großherzog ging sie an jenem Abend ins Theater, wo die Premiere von Wagners Oper *Der fliegende Holländer* unter der Leitung von Franz Liszt stattfand. Wagner hatte nach seinem aufrührerischen Verhalten aus Sachsen flüchten müssen und lebte schon sein vier Jahren im Exil in der Schweiz.

Sophie, die mit ihrem Mann in der Loge hinter dem großherzoglichen Paar saß, war in jeder Hinsicht ihrer Tante Marias beste Schülerin und sah ihr auch immer ähnlicher. Die Großherzogin war inzwischen so gut wie völlig taub. Unabhängig, wie sie war, widersetzte sie sich den Alterserscheinungen. Sie musste ihrer Nachfolgerin immer mehr Aufgaben überlassen und verschonte Sophie nicht mit Kritik, was manchmal zu Konflikten führte. Nach der Oper wurden am Hofe noch mehr Veranstaltungen geboten. Im Frühling wurde die bevorstehende Hochzeit von Sophies Bruder Prinz Heinrich mit Prinzessin Amalia von Sachsen-Weimar-Eisenach verkündet, der Tochter von Carl Alexanders Onkel Bernhard. Anna Pawlowna, die froh war, dass ihr jüngster Sohn endlich heiratete, reiste für das Fest aus Den Haag an und danach weiter nach Sankt Petersburg. Zar Nikolaus I. hatte noch versucht, sie von ihrem Vorhaben abzuhalten, weil der russisch-türkische Krieg jederzeit ausbrechen konnte. Doch nichts konnte seine Schwester aufhalten.

Der Bräutigam war von seinem Bruder König Wilhelm III. zum Statthalter des Großherzogtums Luxemburg ernannt worden. Heinrich sollte mit seiner Frau Amalia das Schloss Walferdingen am Rand der Stadt Luxemburg beziehen. Die *Weimarische Zeitung*, die seit 1851 fünfmal in der Woche erschien, schrieb ausführlich über die kirchliche Zeremonie und den Empfang in den prächtigen Schiller- und Goethesälen des Schlosses.

Im Juni ging es mit den Feierlichkeiten anlässlich des 25. Thronjubiläum des großherzoglichen Paares weiter, zu dem wiederum eine Flut fürstlicher Gäste nach Weimar kam. Obwohl der alte Großherzog sich mit Mühe aufrechthalten konnte, hieß er König Friedrich Wilhelm IV. und Königin Elisabeth von Preußen herzlich willkommen. Ihre Ehe war sehr zur Betrübnis des Paares kinderlos geblieben. Sie reisten in Gesellschaft

Schloss Belvedere zählt heute zum UNESCO Weltkulturerbe.

des Bruders des Königs und Thronfolgers Carl und dessen Frau Marie, die von ihren erwachsenen Kindern Friedrich Karl und Luise begleitet wurden.

Auf der Feier wurde der Großherzog für seinen Regierungsstil gelobt. Das tat ihm gut, hatte er doch immer im Schatten seines mächtigen Vaters Carl August gestanden, neben dem er sowohl menschlich als auch als Machthaber nur ein Abklatsch zu sein schien. Nach den Feierlichkeiten zog sich Carl Friedrich todmüde auf sein Schloss Belvedere zurück. Sein Zustand verschlechterte sich stündlich. Carl Alexander und Sophie wurden benachrichtigt und sofort ans Krankenbett bestellt. Sie trafen noch gerade rechtzeitig ein, um Abschied nehmen zu können. Maria hielt die Hand ihres Mannes, als dieser am 8. Juli friedlich dahinschied. Der Verstorbene wurde in die Fürstengruft gebracht, wo er neben seinen Ahnen seinen letzten Ruheplatz fand.

Anlässlich des Regierungsjubiläums war Maria Pawlowna noch als »die Beschützerin der Künste, die Trösterin der Unglücklichen, die Helferin der Bedrängten, im vollsten Sinne des Landes Mutter« gepriesen worden. Jetzt musste sie ihrer 31-jährigen Nachfolgerin Platz machen: Sophie.

GROSSHERZOG UND GROSSHERZOGIN

Carl Alexander wählte für seine Thronbesteigung ein symbolisches Datum: den 28. August, Geburtstag von Johann Wolfgang von Goethe. Seine Amtszeit stand im Zeichen der schönen Künste. Er setzte sich mit ganzer Energie dafür ein, dem Athen an der Ilm neues Leben einzuhauchen und die Erinnerung an Wieland, Herder, Goethe und Schiller für nachfolgende Generationen zu bewahren. »Möge der Geist Karl Augusts [...] mächtig in Ihnen sein, und möge in dem Fürsten der Mensch der alte bleiben«, schrieb Fanny Lewald ihm am 24. Juli. Niemand erwartete vom Großherzog, dass er im Geiste Carl Friedrichs regieren solle. Dieser war bald vergessen.

Maria Pawlowna ließ ihre Wohn- und Arbeitsräume im Erdgeschoss des Schlosses räumen und zog mit ihrem Hof auf ihren Witwensitz, Schloss Belvedere. Sophie zog mit ihrer Familie ein Stockwerk tiefer. Sie sorgte jedoch dafür, dass der schöne Salon mit dem Klavier und dem Holzboden ihrer Schwiegermutter jederzeit zur Verfügung stand. Im anliegenden Saal ließ sie das riesige Bett stehen, dass die russische Großfürstin fast ein halbes Jahrhundert zuvor als Teil ihres Brautschatzes aus Sankt Petersburg mitgebracht hatte.

Um seine Verbundenheit mit der Familie von Goethe zu zeigen, ernannte Carl Alexander Goethes Enkel zu seinen Kammerherren. Für Wolfgang, der sich noch in Rom aufhielt, war es lediglich ein Ehrentitel. Doch sein älterer Bruder Walther erhielt als Kammerherr eine bezahlte Position. Der Großherzog ehrte ihn mit dem Hausorden vom Weißen Falken, dem Orden der Wachsamkeit.

Der kleine Mann hatte sich immer im Hintergrund gehalten. Er genierte sich, die Hofkleidung zu tragen, die zu seinem neuen Posten gehörte. Carl Alexander behandelte ihn als Ebenbürtigen und wusste seine ironischen Bemerkungen zu schätzen. Walther war klar, dass seine Mutter hinter dieser Wahl steckte. Sie spornte ihn dazu an, Kontakte zu knüpfen, die ihm in der Zukunft finanziell hilfreich sein könnten. Er schrieb jedoch zurück, er wünschte, er könne ihr einen Palast bieten. Doch eigentlich fange er an, das alles gänzlich zu verachten, all die Opfer, die man der Etikette bringt, die Vornehmheit, der Geldbesitz, kurz: das ganze Trara der Welt komme ihm miserabel vor.

Walther bemerkte, dass sein fürstlicher Freund in seinem tiefsten Inneren ganz genauso dachte. Carl Alexander entzog sich dem Hofprotokoll, wo immer es ging. Der neue Kammerherr musste feststellen, dass mit Sophie nicht zu spaßen war. Auch sie war klein, sodass man auf sie herabsehen musste, obwohl sie in Stand und Abstammung weit über anderen stand. Mit ihrer stolzen Haltung bot sie jedoch allen die Stirn, die über sie bestimmen wollten. Er hingegen stellte sich bewusst unterwürfig auf, wobei er keinerlei Zweifel daran hegte, in seinem tiefsten Inneren ein großer Künstler zu sein. Doch sein Lehrer Felix Mendelssohn Bartholdy hatte sein Können nicht zu schätzen gewusst und hatte damit sein Selbstvertrauen beschädigt.

1848 hatte Walther in Wien den rechtlosen Arbeitern zur Seite gestanden, den Bürgern und Studenten, die gemeinsam für die Gleichbehandlung aller Schichten und Stände demonstrierten. Die Polizei hatte sie mit Waffengewalt auseinandergetrieben. Daraufhin wurde eine Nationalgarde zum Schutz der Demonstranten und Bürger geschaffen. Walther stellte sich freiwillig zur Verfügung. Uniform und Gewehr standen ihm nicht gut zu Gesicht. Sein Bruder fand Walthers militaristisches Getue albern. Doch in Goethes Enkel war etwas Neues erwacht. Zusammen mit den Arbeitern stand er vor der Suppenküche Schlange. Er aß das Armeleuteessen und hörte den Menschen zu. »Der kleine Goethe«, wie Robert Schuman ihn nannte, war vielleicht körperlich schwach, seine Feder jedoch war scharf und spitz.

Heimlich begann er in seinem Wiener Mietzimmer an einem Buch mit dem Titel *Fährmann, hol über*. Das Ruder solle umgeworfen werden. Die Gesellschaft solle einen anderen Kurs nehmen. In drei herzzerreißenden Erzählungen setze er sich dafür ein, dass die Elite Mitgefühl für die unterdrückten Arbeiter entwickeln möge. Auf dem Umschlag stand, er habe getan, was er nicht habe lassen können. Gespannt harrte er der Reaktionen, der Aufregung, die sein Werk auslösen würde. Doch es blieb still. Niemand rezensierte das Buch. Nach wenigen Wochen wurde Walther klar, dass die Hunderte Exemplare seines Fährmanns unverkauft im Lager seines Verlegers liegen bleiben würden.

Für seine Opern fand er keine Häuser, für seine Lieder keinen Musikverlag. Er traute sich kaum noch, das Klavier zu berühren. Er litt unter allerlei kleineren Beschwerden, doch vor allem litten Walther und sein Bruder unter ihrem Namen: Goethe. Einmal rief Walther sogar aus, er würde noch lieber »Kümmeltürk« heißen.

1851 war Wolfgang so mutig gewesen, einen Gedichtband zu veröffentlichen. Auf dem Umschlag stand Wolfgang von Goethe. *Gedichte.* Was Wolfgang verfasste, brachte auch die Gefühle seines Bruders zum Ausdruck:

Ich stehe stets daneben
Und trete niemals ein
Ich möchte einmal leben
Und möchte einmal sein.

Mit seiner Lyrik hatte Wolfgang genauso wenig Erfolg. Es blieb ihm die Diplomatenstelle, auch wenn er wegen Migräne und neuralgischen Gesichtsschmerzen häufig ausfiel.

Walther war abwechselnd traurig, eifrig, wütend, verspielt oder unentschlossen und schlug immer wieder neue Pfade ein, ohne jemals irgendetwas zu erreichen. Seine Mutter saß ihm mit der Frage im Nacken, wann er endlich ein Mädchen zum Altar führen werde. Doch ihr Sohn hatte nur Interesse an Jungen und Männern und lebte in ständiger Furcht, dass sein Umgang mit dem gleichen Geschlecht bemerkt würde. Darauf standen lange Gefängnisstrafen. Großherzog Carl Alexander wollte für ihn Schicksal spielen. Walther tat sein Möglichstes, um seinem königlichen Jugendfreund zu Diensten zu sein.

Mit seinem unverwüstlichen Optimismus machte sich der junge Großherzog an die Arbeit. Walther führte seine Aufträge aus, schrieb Briefe und Berichte und machte Termine. Er spielte mit dem kleinen Prinzen, der Charles genannt wurde. Er nahm die kleinen Prinzessinnen Zitta und Anna Sophie auf den Schoß. Man musste ihn einfach mögen.

Am Krönungstag, dem 28. August 1853, wich Walther Carl Alexander nicht von der Seite. Beide waren 35 Jahre alt. Der Kammerherr fühlte sich mit dem glänzenden Schlüssel, seinem schwarzen Frack und dem auffälligen Ordenszeichen wie ein närrischer Kobold neben seinem Fürsten, den Fanny Lewald als einen »bildhübschen, großen, sehr schlanken Mann mit dunklem Haar, kleinem schönen Bart, hellblauen Augen, sehr schönen Zähnen und freundlichstem Gesichtsausdruck« beschrieb. Die sechs Jahre jüngere Sophie war nicht blind für die Eitelkeit und Gefallsucht ihres Mannes. Bei Walther fand sie Qualitäten, die sie an Carl Alexander vermisste. Sie war wenige Monate schwanger mit ihrem vierten Kind.

Walther von Goethe, Kammerherr und Kulturberater von Großherzog Carl Alexander

Wegen der Hoftrauer wurden keine Bälle ausgerichtet. Nach einem Dankesgottesdienst begaben sie sich in den großen Saal des Schlosses, wo der neue Großherzog elegant und feierlich den Thron bestieg. Seine Rede klang gottesfürchtig und überzeugend. Er schwor den Eid auf die Verfassung und versprach seinem Volk, das liberale System seines Vaters fortzusetzen. Carl Alexander war sich der Unterstützung seines Ministers Christian Bernhard von Watzdorf sicher, der sich immer der königlich-preußischen Politik anschloss. Zusammen strebten sie nach einem vereinten Deutschland. Auch sein Adjutant Leo Graf Henckel von Donnersmarck zählte zu seinen Unterstützern. Verärgert hatte dieser den übertriebenen Plänen Carl Alexanders gelauscht. Der Großherzog hatte sein Amt gerade erst angetreten und sprach bereits vom Bau eines neuen Museums, von der Errichtung von mindestens vier Standbildern, der Gründung eines Kunstvereins, der Erweiterung und Restaurierung der Wartburg und von verschiedenen Kunstpreisen. Leo ermahnte ihn, realistisch zu bleiben. Was würden seine Untertanen sagen, wenn bei all den sozialen Nöten seine kostspieligen Pläne umgesetzt würden? Carl Alexander ließ sich seine Kritik durch den Kopf gehen und antwortete ihm dann, er schätze seine Offenheit und gebe ihm darin recht, dass er sicher manche Idee mit zu viel Leidenschaft verfolge, doch es handle sich schließlich um sein Leben.

Franz Liszt hatte für die Feierlichkeiten einen *Huldigungsmarsch* komponiert. Sophies Unterricht musste ausfallen, denn nach der Krönung reiste er in die Schweiz, um seinen Freund Richard Wagner zu besuchen, den er seit dessen Verbannung nicht mehr gesehen hatte. Danach wollte er nach Paris weiterreisen, um seine Kinder zu besuchen.

Sophie zog mit ihrer Familie für einige Zeit auf die Ettersburg. Für den Großherzog waren die sorglosen Sommer vorbei. Er widmete sich den Landesgeschäften, wobei er hin und wieder von Walther Hilfe bekam, der einen großen Eifer entwickelte. Er bekleide, wie er einem Freund ironisch schrieb, den Posten eines »Wächters, Hüters und Bahnhofsbeamten«.

Er gab für sie sein Bestes. Nach einigen Jahren der Zusammenarbeit schrieb Carl Alexander seinem Bruder Wolfgang, er möge ihn immer lieber und genieße den Umgang mit ihm. Er ruhe sich in seiner edlen, fein besaiteten und gebildeten Seele aus.

Walther beriet Carl Alexander auf literarischem Gebiet, vermittelte bei Kunstkäufen und kümmerte sich um seine Post und seine Termine. Oft sauste er durch die Flure mit einer Opernarie auf den Lippen. »O! Quel plaisir d'être soldat!«[4], jubilierte er, wenn er mit Unterlagen auf dem Arm ins Büro des Großherzogs stürmte. Sophie begegnete ihm dort schon in aller Frühe, wenn ihr Mann noch im Morgenmantel beim Frühstück saß. Er bestand bei seinem Kammerherrn darauf, auf Etikette zu verzichten, wenn sie unter sich waren. Auf einem seiner vielen Billets notierte er, dieser möge ihm »einen vernünftigen Brief in Morgenhöschen oder auch ohne Höschen schreiben, aber nicht mit Kothurnen«. Nach einem Arbeitstag lud Sophie Walther manchmal zum Abendessen mit der Familie ein. Danach verließ dieser das Schloss und kehrte in sein stilles Kämmerlein im Haus am Frauenplan zurück.

Als Sophie im Februar 1854 ihr viertes Kind zur Welt brachte, stellte sich heraus, dass es sich erneut um ein Töchterchen handelte. Sie wurde Elisabeth Sybille Maria Dorothea genannt. Nach dieser Entbindung wurde Sophie nie mehr schwanger.

DAS GOETHE-SCHILLER-DENKMAL

Vor der Enthüllung des Goethe-Schiller-Denkmals hatten Sophie und Carl Alexander mit der Organisation einer internationalen Konferenz alle Hände voll zu tun. Sie empfingen ihren illustren Cousin Zar Alexander II., der die Nachfolge seines Vaters Nikolaus angetreten hatte, und sein großes Gefolge auf Schloss Belvedere. Kaiser Franz Joseph I. bezog den Gästeflügel des Stadtschlosses. Im großen Saal fand auf Initiative von Österreich eine Konferenz über die Walachei und Moldawien statt, Gebiete am Schwarzen Meer, deren politische Zukunft wichtig für das Machtgleichgewicht in Europa war.

Großherzogin Sophie brachte die vormaligen Feinde aus dem Krimkrieg im neutralen Großherzogtum an einen Tisch. Alexander II. konnte für Franz Joseph seit der Niederlage der russischen Armee keine herzlichen Gefühle mehr aufbringen. Doch sie teilten eine Sorge: Bei der Unterzeichnung des Friedens van Paris 1856 war Kaiser Napoleon III. autoritär aufgetreten. Der österreichische Kaiser befürchtete, dass Wien in den Schatten Frankreichs geraten könnte, wenn es sich nicht mit aller Macht widersetzte.

Als die kaiserlichen Hoheiten das Großherzogtum wieder verlassen hatten, bereitete Carl Alexander die Enthüllung der bronzenen Skulptur vor. Er forderte Andersens Anwesenheit ein. Widerwillig unternahm der Märchenautor die Reise nach Weimar. Walther hatte ihm ein Zimmer im Hotel Elephant am Markt reserviert. Als er sich wie vereinbart um zwölf Uhr im Stadtschloss einfand, beschied ihm ein Diener, seine königliche Hoheit der Großherzog habe keine Zeit für ihn.

Auf Einladung der Großherzogin-Witwe ging Andersen abends ins Hoftheater, um Goethes *Iphigenie auf Tauris* zu sehen. Man stellte ihn Ernst Rietschel vor, der nach dreijähriger Arbeit das Goethe-Schiller-Denkmal fertiggestellt hatte.

Am Donnerstag, den 3. September 1857 wurde Andersen viel zu früh von Glockenläuten geweckt. Er begab sich zum Fürstenplatz, wo anlässlich des 100. Geburtstages von Großherzog Carl August ein Granitblock abgestellt worden war, auf dem später ein Reiterstandbild montiert werden sollte – was nie geschah. Darüber war ein Streit entbrannt. Der Großherzog verlangte ein heroisches Reiterstandbild nach Vorbild dessen von Marc Aurel. Dafür war er bereit, die Herstellung der Bronze zu verschieben. Andersen sah zu und notierte später, es habe etwas geregnet, die Schirme hätten gestört, und die Rede sei so lang gewesen. Nach einer Stunde sei er heimgegangen.

Abends war er zum Diner geladen, wo er neben dem Intendanten des Hoftheaters Franz von Dingelstedt saß. Der Intendant versuchte, sich mit seiner Redegewandtheit in der Hauptstadt schnell beliebt zu machen. Am nächsten Tag regnete es. Dächer, Fensterbänke und Straßen waren mit Zuschauern überfüllt. Da sich herausstellte, dass die große Tribüne nur für den Hofstaat bestimmt war, musste Andersen mit einem Platz vor dem Fenster eines Hauses am Theaterplatz vorliebnehmen. Gekränkt sah er, dass Franz Liszt sehr wohl auf der Tribüne sitzen durfte, in Begleitung von Carolyne zu Sayn-Wittgenstein. Die Kirche hatte mehrere Anträge erhalten, ihre Tochter Marie, die neben ihrer Mutter saß, dem »verderblichen Einfluss« des leichtsinnigen Paares zu entziehen.

In der ersten Reihe saßen Schillers Enkel mit ihren Ehepartnern und die Familien von Herder und Wieland. Daneben hatte Goethes Schwiegertochter Ottilie mit ihren beiden Söhnen Platz genommen. Wolfgang hatte seine Position in Rom aus gesundheitlichen Gründen aufgegeben. In Dresden fand er eine Stelle als Legationssekretär der königlich-preußischen Gesandtschaft. Wenn Walther sich im leeren Haus am Frauenplan unwohl fühlte, zog er sich in die *Viletta* zurück, das kleine Gartenhaus, das ihm seine Urgroßmutter vererbt hatte. Carl Alexander, der seinen Kammerherrn manchmal im Scherz »König Blaubart« rief, nannte das Häuschen bei Besuchen seinen »Blaubartshof«.

Alle erhoben sich, als das großherzogliche Paar erschien. Auch an diesem Tag hatte Sophie ihre Kleidung und ihren Schmuck mit Bedacht gewählt. Bei seinem Besuch im Jahr zuvor hatte Andersen über ihr Kleid notiert, die Großherzogin habe ein schlichtes weißes Kleid getragen, das mit Flieder besetzt gewesen sei, die grünen Blätter seien am Kleid befestigt, die Blüten dagegen hervorspringend wie in Basreliefs gewesen. Im Haar habe sie ebenfalls lila Fliederdolden getragen, zusammen mit Diamanten.

Erstmalig erklang nun die neue Hymne von Sachsen-Weimar-Eisenach, komponiert von Franz Liszt. Der Text stammte von dessen Freund Peter Cornelius. *Von der Wartburg Zinnen nieder* schallte über den Theaterplatz. Anschließend folgten lange Reden. Endlich durfte Carl Alexander das Tuch vom Denkmal entfernen. Ein Raunen lief durch die Menge. Haltung und Kleidung von Goethe und Schiller waren realistisch dargestellt.

Dem Bildhauer war es gelungen, den beiden Figuren individuelle Züge zu geben und sie trotzdem gleichzeitig eine Einheit formen zu lassen. Rietschel hatte Schiller schräg vor seinen zehn Jahre älteren Freund gestellt, der ihm einen Lorbeerkranz überreicht. Das verlieh dem Doppelstandbild eine gewisse Dynamik. Als ob die beiden Herren mit wehenden Mänteln über die Esplanade flanierten.

Applaus erscholl. Es sei ein großer Moment gewesen, als der Schleier von der Dichtergruppe gefallen sei, schrieb Andersen in sein Tagebuch und stellte eitel fest, Schiller habe Ähnlichkeit mit ihm.

Nach der Enthüllung bewegte sich die Menschenmenge zum Platz am Frauentor, auf dem die Bronze von Christoph Martin Wieland noch unter einem Tuch verborgen war. Sophie bewunderte den Schriftsteller, der Romane, Gedichte, Artikel und zahlreiche Übersetzungen verfasst hatte. Der Wiener Bildhauer Hanns Gasser hatte das Standbild gestaltet und dem Dichter sein wichtigstes Werk *Oberon* in die Hand gegeben. Der Platz wurde in Wielandplatz umgetauft.

Carl Alexander lud Andersen abends ins Hoftheater ein. Dort sah der Schriftsteller, dass Walther von Goethe in der Loge des Großherzogs und der Großherzogin sitzen durfte. Neidisch nahm er es zur Kenntnis. Franz Liszt erschien im Orchestergraben. Das Chorwerk *An die Künstler* mit Texten von Schiller ging scheinbar an Andersen vorbei. Als danach Goethes *Über allen Gipfel ist Ruh* erklang, nickte er ein. Am Schluss schrak er auf durch die Faust-Symphonie, weil ein paarmal ein Becken geschlagen worden sei. Als er das zum ersten Mal gehört habe, habe er geglaubt, ein Teller falle zu Boden. Er sei müde nach Hause gegangen. Es sei eine »Satansmusik« gewesen.

Am Sonntagmorgen ging Andersen zum Schloss, um sich vom Großherzog und der Großherzogin zu verabschieden. Sie hatten sich in all dem Trubel kaum gesprochen. Der Märchenautor reiste ab. Der Großherzog und Sophie sahen ihm nach. Sie ahnten nicht, dass sie Abschied fürs Leben genommen hatten.

Zwar hatte Sophie als Großherzogin alle öffentlichen Aufgaben ihrer Schwiegermutter übernommen, trotzdem wollte Maria Pawlowna gerne auf dem Laufenden gehalten werden. So hatte Sophie in gesellschaftlichen und Regierungsfragen doppelte Arbeit. An ihrem 34. Geburtstag waren die Säle gefüllt mit Familie. Ihre Gäste tauschten sich über Geburten, Krankheiten, Hochzeiten, Beförderungen und Klatsch und Tratsch in der jeweils anderen Familie aus.

König Friedrich Wilhelm IV. in Berlin hatte einen Schlaganfall erlitten und war teilweise gelähmt. Sein Bruder Wilhelm hatte als Regent des preußischen Königreichs die Geschäfte übernommen. Wilhelms Frau Augusta war noch voll der Erinnerungen an die brillante Hochzeit ihres Sohnes Friedrich Wilhelm – innerhalb der Familie Fritz genannt. Dieser hatte im Londoner St. James Palace Vicky, Königin Victorias älteste Tochter, geheiratet.

Es wurde über eine Braut für Wiwill, den Kronprinzen der Niederlande, eifrig spekuliert. Wiwill selbst zeigte keinerlei Interesse an einer Eheschließung. Es ging das Gerücht um, Sophies Bruder Wilhelm III. werde an Wiwills 18. Geburtstag abdanken. Das bereitete Sophie Sorgen, denn ihr Neffe Wiwill war völlig ungeeignet dazu, das Land zu regieren. Seine Mutter, Königin Sophie, war bei der Geburtstagsfeier nicht dabei. Sie blieb mit dem kleinen Prinz Alexander in Den Haag. Er war ein schwächliches Kind, das wahrscheinlich nicht lange leben würde.

Bei jedem Familienbesuch in Den Haag ließ Sophie sich von den Ministern über die politischen Entwicklungen informieren. Baron Mackay, Mitglied der Zweiten Kammer, vermerkte in seinem Tagebuch, die Prinzessin habe ihm eine Audienz gestattet. Sie werde ihn ohne Hofdame oder Kammerherrn wie einen alten Getreuen empfangen. Anschließend notierte er, ihre königliche Hoheit habe sofort ein Gespräch über die Politik begonnen. Sie sei begabt, geistreich und scharfsinnig. Sie bedaure die dortige Situation und schreibe vieles der Gesundheit des Königs zu, der, wie sie sage, »einen schwachen Kopf« habe.

Maria Pawlowna merkte verärgert, dass Sophie auch im Großherzogtum zunehmend ihren Einfluss auf die politischen Geschäfte geltend machte. Kein Tag ging vorbei, an dem sie den Großherzog nicht auf Belvedere aufsuchte, um die Staatsgeschäfte zu besprechen. Im April fühlte sie, wie der letzte, unvermeidliche Besucher sich langsam auf der Allee dem Schloss näherte.

SOPHIES KATASTROPHENJAHR

Im Januar 1859 erlebte das Großherzogtum einige unnatürlich warme Tage. Dann bebte die Erde. Menschen flüchteten aus ihren Häusern, alte Mauern stürzten ein. Das Erdbeben schien ein Vorbote der Katastrophen, die in jenem Jahr die fürstliche Dynastie ereilten.

Sophie sorgte dafür, dass der Schaden behoben wurde. Sie hatte so viel Arbeit, dass ihr kaum Zeit blieb, die Tasten ihres Klaviers auch nur zu berühren. Sie vermisste zudem die Stunden bei Franz Liszt. Nach mehreren unangenehmen Zwischenfällen hatte dieser gekündigt. Der Theaterintendant Dingelstedt hetzte das Publikum gegen ihn auf, woraufhin er bei der Premiere von Wagners *Barbier von Sevilla* ausgepfiffen wurde und den Dirigentenstab niederlegen musste.

Ohne Gesangs- und Klavierstunden wurde es sehr still am Hof. In den Wintermonaten litten Sophies jüngste Kinder Zitta, Anna Sophie und die kleine Elsy an Erkältungen. Der 14-jährige Kronprinz Charles war aus den gefährlichen Kinderkrankheiten herausgewachsen. Seine Schwestern konnten im Frühling wieder in ihren Wägelchen durch den Garten fahren. Nur die mittlere wurde nicht mehr gesund. Manchmal schien es ihr besser zu gehen, dann plapperte die kleine Prinzessin über ihren achten Geburtstag am 29. Mai und zählte Geschenke auf, die sie sich wünschte. Doch je näher der Tag rückte, desto seltener kam sie noch aus ihrem Bett, und manchmal verlor sie sogar das Bewusstsein.

Carl Alexander und Sophie lösten einander an ihrem Bettchen ab. Noch einmal sah die Großherzogin in die dunkelblauen Augen ihrer Tochter, die den ihren so ähnlich waren. Am 26. Mai 1859 hatte ihr Leiden ein Ende. Anna Sophie starb drei Tage vor ihrem achten Geburtstag.

Die Tränen. Niemand empfand wie sie. Sie sah, dass ihr Mann mit dem Verlust nicht umzugehen wusste. Sophie erfüllte ihre Pflichten als Landesmutter. Sie diktierte Dankesbriefe auf Beileidsschrieben. Etwas in ihr war für immer abgestorben.

Der Großherzog dankte Gott, dass dieser in seiner Weisheit das Leben des Erbprinzen verschont hatte. Es gebe fast keine Familie, in der man nicht den Tod von einem oder mehreren Kindern beklage. Goethe habe fünf

Kinder verloren. So redete man auf Sophie ein. Doch die Vergleiche halfen nicht. Nichts konnte Sophie wieder zu sich bringen. Sie schloss sich wie eine Auster und wurde für die meisten Höflinge unnahbar.

Maria Pawlowna brauchte nicht mehr lange mit der Trauer um ihre Enkelin zu leben. Am 16. Juni besuchte die 73-jährige Dame noch das von ihr gestiftete Carl-Friedrich-Damenstift. Sie verkühlte sich, doch es schien nichts Ernstes zu sein. Am 23. Juni statteten Sophie und Carl Alexander ihr einen Besuch ab. Sie gab ihrer Schwiegertochter Geschenke für den Großherzog, der am 24. Juni Geburtstag hatte. Sie fuhren nach Ettersburg. Doch noch bevor sie dort eintrafen, holte sie ein Bote ein mit der Nachricht, dass die Großherzogin-Witwe um sechs Uhr verstorben sei.[5]

Carl Alexander kümmerte sich sehr gewissenhaft um die Vollstreckung ihres Testaments. Darin bat sie, auf ihrem Grab eine russisch-orthodoxe Kirche zu bauen. Der Grundstein sollte in russische Erde gelegt werden. Der Sarg der Großfürstin stand unmittelbar neben dem ihres verstorbenen Mannes, nur durch eine Wand von der Fürstengruft getrennt. Fünf Türme mit vergoldeten Kuppeln sollten den letzten Ruheplatz der Maria Pawlowna krönen.

Sophie übernahm jetzt auch die Aufgaben ihrer Schwiegermutter, in Bezug auf die Frauenvereine, die diese bis zu ihrem Lebensende wahrgenommen hatte. Sie war Landesmutter. Viele waren von ihr abhängig, sie durfte nicht in ihren Tränen ertrinken.

Im Juli wurde Carl Alexander krank. Zur Erholung fuhr er Anfang August nach Helgoland. Er sagte, er wolle dort allein sein. Wie sich herausstellte, hielt seine Freundin Fanny Lewald sich zu der Zeit auf der Insel auf, in Begleitung von Arthur Stahr, den sie kurz zuvor geheiratet hatte. Sophie rang derweil in Weimar allein mit dem Schmerz des Verlusts.

Erst im Herbst kehrte Carl Alexander zurück. Sie verbrachten die Dezemberfeiertage mit den drei Kindern in den grün geschmückten Sälen. Um nicht von der Trauer überwältigt zu werden, legte Großherzogin Sophie sich eine strenge Haltung an, sich selbst und anderen gegenüber. Das sorgte in ihrer Umgebung für Verwirrung. Als sie 18 Jahre zuvor ins Großherzogtum gekommen war, war sie oft dafür kritisiert worden, dass sie so oft lachte und immer tanzen wollte. Mit den Jahren wurde Sophie »ruhiger, würdevoller und ernster«, wie Adelheid von Schorn, die bei Hofe verkehrte, schrieb: »In der Jugend wird sie von ihrer heimatlichen Umgebung schon als

Die russisch-orthodoxe Kirche, Ruhestätte von Sophies Schwiegermutter Maria Pawlowna, mit der Fürstengruft im Vordergrund

überlegend und pflichttreu, aber auch als zu Heiterkeit und Scherz neigend, geschildert. Erschien sie – in späteren Jahren besonders – oft kühl, zurückhaltend, scharf wägend und beurteilend, so brauchte ihr nur jemand, der Unglück erfahren hatte, nahezutreten, um ihre ganze Wärme des Gefühls erwachen und sich betätigen zu lassen. In solchen Momenten ging sie aus sich heraus, dasz man sie eben erst kennen zu lernen meinte, und manche glaubten, nun zu ihren intimen Freunden zuzählen. Aber darin hatten sie sich meist getäuscht, an die Stelle der warmen Aussprache trat dann wieder die kühle Ruhe, die Freundin ward wieder zu Fürstin.«[6]

DER ERBPRINZ UND DIE PRINZESSINNEN

Sophie überwachte den Unterricht ihrer Kinder. Als erste, treue Kinderfrau stand Frau Töpfer ihr zur Seite, später wurde Fräulein Froriep die Gouvernante ihrer Töchter. Prinz Charles, der Erbgroßherzog von Sachsen-Weimar-Eisenach, hatte mit seinem Gouverneur von Warenburg bereits die Niederlande besucht.

Im Sommer 1860 machte sich Sophie mit der sechsjährigen Elsy und der elfjährigen Zitta von ihren Gouvernanten begleitet auf zum Bahnhof. Der noch immer schüchterne Charles, der im Juli seinen 16. Geburtstag feiern würde, hatte eine Militärausbildung angefangen. Er hatte eine schwache Gesundheit. Aufgrund ihrer unterschiedlichen Charaktere entsprach die Beziehung zwischen Carl Alexander und seinem Sohn nicht Sophies Erwartungen. Doch sie hoffte, dass der Erbgroßherzog in einigen Jahren im Umgang geschmeidiger würde.

In den Niederlanden angekommen arbeitete Sophie ein festes Programm ab und ließ sich über alle politischen und familiären Geschäfte auf den letzten Stand bringen. Die kleinen Prinzessinnen fürchteten sich für dem Pflichtbesuch bei ihrem Onkel, dem König, der ihre Mutter mit lauter Stimme spröde willkommen hieß und sie »Marmotte« nannte. Wilhelm III. war inzwischen 43. Er hatte sichtlich zugenommen. Der Blick, den er der sechsjährigen Elsy zuwarf, reichte, dass diese sich hinter dem Reifrock ihrer Mutter versteckte.

Der Höflichkeitsbesuch bei der Königin auf Schloss Noordeinde war nie angenehm. Sie lobte Napoleon III., der sich im März 1856 über die Geburt des kaiserlichen Prinzen Napoléon Eugène freute. Der Königin zufolge tue der französische Kaiser alles, um Unruhen und Kriege zu vermeiden. Doch die Frage sei, wie lange ihm das noch gelinge, schrieb sie Lady Malet am 23. Mai. Noch wirke er stark und mächtig, doch irgendwann werde er zu Fall gebracht. Das fühle sie.

Sophie fuhr nach Schloss Kneuterdijk, dass einen betrüblichen Eindruck machte. Teile des von ihrem Vater entworfenen neogotischen Anbaus hatten aus Sicherheitsgründen abgerissen werden müssen. Seit 1858 bewohnte Kronprinz Wiwill das Schloss offiziell, doch hielt er sich selten dort auf.

Blick auf Palais Soestdijk, wo Sophie ihren geliebten Bauernhof hatte; Gemälde von Cornelis de Kruyff

Nach ihren geschäftlichen Terminen begab sich Sophie mit ihren Töchtern nach Soestdijk, dem Paradies ihrer Kindheit. Sie spazierte mit Zitta und Elsy zu ihrem Bauernhof hinüber, der noch immer von einer Bäuerin namens Koele bewirtschaftet wurde. Da die Mädchen dort mit Kindern aus der Umgebung spielen konnten, lernten sie nebenbei Niederländisch.

SOPHIE UND FRIEDRICH HEBBEL

Friedrich Hebbel wurde 1813 als Sohn eines armen Maurers geboren. 45 Jahre später war er ein gefeierter Schriftsteller, der sowohl Lyrik und Prosa als auch Theaterstücke verfasste. Anlässlich der Aufführung seiner Tragödie *Genoveva* in Weimar baten ihn Carl Alexander und Sophie in ihre Loge und ehrten ihn mit dem Hausorden vom Weißen Falken.

Hebbel war verstört, aber auch unsagbar stolz. Sophie bat ihn, an jenem Abend am Familiendiner teilzunehmen. Danach schrieb er seiner Frau Christine, nach Tisch habe man sich vertraulich unterhalten, und die Großherzogin, eine holländische Prinzessin mit heiterem, vergnügtem Gesicht, habe lange mit ihm gesprochen.

Bis sie einander wiedersahen, vergingen drei Jahre. Am 31. Dezember 1861 wurden die ersten zwei Akte seiner *Nibelungen* im Weimarer Hoftheater aufgeführt. Das Stück schlug ein wie eine Bombe. Im Laufe des Jahres wurde Hebbel Stammgast bei Sophie. Hebbels Frau, der Schauspielerin Christine Hebbel, Star des Wiener Burgtheaters, schien der Gedanke, sich in Weimar niederzulassen, auch zu gefallen. Sophie war bereit, das Paar aus ihrem persönlichen Vermögen finanziell zu unterstützen. Doch eine Festanstellung am Hof blieb aus. Nachdem Hebbel einige Male mit Theaterintendant Dingelstedt aneinandergeraten war, schrieb er Christine, für ihn stehe fest, dass sie Wien nicht gegen Weimar eintauschen würden.

Die Großherzogin bedauerte, dass Hebbel nicht in Weimar bleiben würde. In *Natternbisse und Nadelstiche* erkannte sie sofort die Kritik am Theaterintendanten, den sie auch selbst entsetzlich fand. Im Sommer 1862 erhielt Hebbel eine Einladung nach Schloss Wilhelmsthal. Er litt an rheumatischen Beschwerden und hoffte, dort etwas Ruhe zu finden. Ihm wurden Zimmer im Prinzessinnenhaus über den Zimmern der kleinen Prinzessinnen, die er lachen und tanzen hören konnte, zugeteilt.

Beim Abendessen wurde er Sophies jüngstem Bruder Prinz Heinrich der Niederlande und seiner Frau Prinzessin Amalia vorgestellt. Nach zehn Jahren Ehe wagten Heinrich und Amalia nicht mehr, auf die Geburt eines Nachkommens zu hoffen, was die Prinzessin zutiefst betrübte. Der Prinz sei ernst und schweigsam, fast verlegen gewesen, habe aber der Eindruck eines edlen Mannes gemacht. Nach einem weiteren Abend mit Porzellan und Silberbesteck auf Damasttischdecken bekannte Hebbel seiner Frau, wie seltsam es ihm vorkam, dass er vor über dreißig Jahren seinem Vater auf dem Bau hatte helfen müssen, Steine zu tragen.

Das Briefpapier, das ihm auf Wilhelmsthal zur Verfügung stand, hatte einen schmalen Trauerrand. Prinz Heinrichs Schwiegervater, Herzog Bernhard von Sachsen-Weimar-Eisenach, war am 31. Juli verstorben. Eigentlich war ein Fest geplant gewesen, weil Erbprinz Carl August an jenem Tag 18 und damit volljährig wurde. Stattdessen trugen alle Schwarz, und die Feierlichkeiten wurden abgeblasen. Es regnete ohne Unterlass. Hebbel hatte kein anderes Buch dabei als ein Werk von Schopenhauer.

Nach dem Frühstück schien es aufzuklaren. Der Großherzog brach mit seinen Freunden zur Jagd auf, und Hebbel klemmte sich den Schopenhauer unter den Arm und ging in den Garten. Er sah die Großherzogin energischen Schrittes aus dem Hauptgebäude kommen. Mit ihrem schwarzen Pudel an ihrer Seite hielt sie zwischen den Säulen der Galerie, die die beiden Hauptpavillons verband, kurz inne und lief dann die Treppe hinab in den Garten. Sophie trug ein Handarbeitskörbchen am Arm und gebot Hebbel mit einer einzigen Handbewegung, sie zu begleiten. Der blonde, kräftige Schriftsteller überragte sie bei Weitem.

Der üppige Blumengarten wurde mittig von einer Aussichtsplattform unterbrochen. Der *Nymphenbrunnen* rauschte, und dunkele Nadelbäume bildeten eine einzigartige Kulisse von Pückler-Muskaus Meisterhand. Doch als die ersten Regentropfen fielen, eilte Sophie mit ihrem Körbchen in die Waldhütte, die hinter Hebbels Gästezimmer lag. Sie setzte sich auf eine Bank am Fenster, öffnete den Korb und sortierte die verschiedenfarbigen Seidengarne auf dem Steintisch.

Die Prinzessin von Oranien war inzwischen 38 Jahre alt. Die Spuren eines großen Verlusts, der noch nicht lange zurück lag, zeichneten sich auf ihrem Gesicht, das ihn vom ersten Augenblick an fasziniert hatte, ab. Während sie stickte, fragte sie ihn über seine Jugend aus, und er erzählte ihr von einem Traum, den er kürzlich gehabt habe, in dem er in seine von Angst erfüllte Kindheit zurückgekehrt sei, wo Armut die Seele seines Vaters ersetzt habe.

Die beiden Prinzessinnen Elsy und Zitta waren in ihren nassen Kleidern in die Hütte gekommen und fütterten ein zahmes Hirschkalb mit frischem Gras. Sophie ermutigte ihn, ihr seine Meinung über die Stellung der Arbeiter und die Lösung, die Karl Marx in seinem *Kommunistischen Manifest* vorschlug, zu verraten. Hebbel vertrat den Standpunkt, der Kommunismus werde nur so lange erfolgreich sein, bis seine Schrecken zutage träten und die Menschheit für alle Zeiten mit Abscheu durchdrängen.

Sie zeigte sich interessiert daran, welche Schritte er als chancenloser Sohn eines Maurers unternommen hatte, um ein gelehrter Mann zu werden. Mit leidenschaftlichen Worten erzählte ihr Hebbel von seiner Liebe zur Lyrik. Wie er Schiller entdeckt und nachgeahmt habe. Goethe habe er erst mit der Zeit verstanden, weil das Feuer seiner Poesie gewissermaßen unterirdisch wüte, und weil er fälschlicherweise geglaubt hatte, die Beziehung zwischen Schiller und ihm ähnle der zwischen Mohammed und Christus. Nach seinen Theatererfolgen über die historische Frauenfiguren *Judith* und *Genoveva* wurde seine Tragödie *Maria Magdalena* aufgeführt.

Hebbel erklärte, die Frau sei die Wünschelrute, mit deren Hilfe der Mann die Schätze der Welt entdecke. Er begeisterte sich für die emanzipierten Frauen, die in ganz Deutschland immer sichtbarer wurden und überall Spott und Ärgernis hervorriefen. Sophie zeigte auf sein Buch von Schopenhauer und lächelte abschätzig. Die Herablassung dieses Philosophen in Bezug auf das weibliche Geschlecht, der Frauen jegliches Gefühl für Musik, Poesie oder die bildenden Künste absprach und sie als eine Art Zwischenphase zwischen dem Kind und dem Mann, der der eigentliche Mensch sei, beschrieb, musste sie zutiefst treffen.

Das Gespräch kam auf ihren englischen Lieblingsschriftsteller Shakespeare. Dieser, meinte Hebbel, habe nur deshalb so ein großer Dramatiker werden können, weil er auch ein großer Historiker gewesen sei. Er habe im Alleingang mehr erschaffen als hundert Generationen zusammengenommen.

Sophie dachte an seine großen Tragödien, die im Hoftheater vor einem elitären Publikum aufgeführt worden waren. Es musste doch möglich sein, dieses Vergnügen mit Arm und Reich zu teilen, unabhängig von Fremdsprachenkenntnissen.

Wenige Tage später schrieb Hebbel Christine über die Großherzogin, sie sei nicht bloß eine edle, sondern auch eine tiefe Frau: Er habe vor einigen Tagen ein Gespräch mit ihr geführt, das an die drei Stunden gedauert habe und bei dem man sich über alles unterhalten habe, was den Menschen auf Erden interessiere. Er habe ganz ungezwungen sprechen und sogar seinen Humor walten lassen können. Dabei habe man in der Tannenhütte gesessen, und auch der Pudel Asmodeus sei dabei gewesen. Nicht einmal ein Gewitter habe sie vertreiben können.

In der letzten Augustwoche 1862 wollte Sophie ihm sogar selbst die Wartburg zeigen. Das mittelalterliche Bauwerk interessierte ihn so sehr, dass sie noch zwei weitere Male hinfuhren. Beim letzten Mal war im imposanten Rittersaal, in dem sich einst der legendäre Sängerkrieg abgespielt hatte, ein Diner angerichtet, und Hebbel bemerkte, dass alles – vom Besteck bis zu den Kerzenständern – in mittelalterlichem Stil gehalten war.

Genau wie Hebbel hatte auch Sophie einen unstillbaren Appetit auf Literatur und Naturwissenschaften. Bücher waren ihre Freunde geworden. Sie hatten ihr mehr zu bieten als die Scharen an Höflingen, die sich vor ihr verbeugten, ihre Hand küssten, oberflächliche Bemerkungen machten und dann weitergingen. Hebbel beschreibt die Großherzogin als eine höchst bedeutende Frau. Er habe geglaubt, sie einschätzen zu können, doch das könne er erst seit gestern. Man könne über geradezu alles mit ihr sprechen. Die verschämtesten Träume und die kühnsten Fantasien wagten sich ans Licht und würden verstanden. Dabei habe sie sich beklagt, dass sie nur zu ganz wenigen Personen eine enge Beziehung pflege. Darauf habe er geantwortet, dass sie zwei Kronen trage und die Einsamkeit der Könige darum doppelt fühlen müsse. Dichter und Denker trügen nur eine und fänden die Welt schon so leer, als ob außer ihnen nur noch das Echo darin wohne.

Beim Abschiedsfrühstück suchte Prinz Heinrich das Gespräch mit Hebbel. Er hatte mit zunehmender Bewunderung dessen *Nibelungen* gelesen. Heinrich nahm das Buch mit ins Palais Voorhout, wo er wohnte, wann immer er sich in Den Haag aufhielt. In diesem Schloss erfreute er sich an einem Selbstporträt von Rembrandt, dass er aus dem Nachlass seines Vaters erworben hatte.

Sophie und ihr Mann begleiteten Hebbel zur Kutsche, die ihn zum Bahnhof bringen würde. Carl Alexander trug einen schmeichelhaften grünen Jagdanzug, in dem er sich mehrmals fotografieren ließ. Mit und ohne Gewehr posierend. Mit und ohne Filzjagdhut mit Feder. Sein Kammerherr Walther von Goethe stand hinter ihm und verbeugte sich vor Hebbel, während Sophie ihrem Gast hinterherwinkte.

SHAKESPEARE

Als ein gewisser Herr Oechelhäuser 1863 mit der Bitte an Franz von Dingelstedt herantrat, Großherzogin Sophie seine Ideen zur Gründung einer Deutschen Shakespeare-Gesellschaft zu unterbreiten, antwortete der Theaterintendant, dass ihre königliche Hoheit viel zu tun habe und sich nicht für alle Leute mit neuen Ideen Zeit nehmen könne. Doch als Oechelhäuser zufällig zu Ohren kam, dass man die Großherzogin über ihren persönlichen Sekretär gut erreichen könne, versuchte er es auf diesem Wege. Hinter Dingelstedts Rücken nahm er Kontakt mit James Marshall auf. Dieser alte Diener des Hauses Oranien-Nassau wusste, wie sehr die Großherzogin Shakespeares Stücke und Sonette schätzte, die einst die Liebe für die englische Dichtkunst in ihr entfacht hatten.

In einem Brief beschrieb Hebbel Sophies Sekretär sehr lebensecht: Marshall sei ein ganz köstlicher Knabe, der unmittelbar, wenn nicht aus dem Shakespeare, so doch ganz gewiss aus Walter Scott herausgesprungen scheine. Er sei durch und durch Humorist, stecke voll der köstlichsten Geschichten und wisse sie so vortrefflich darzubieten, dass sie eine höhere Art Bilderschrift würden und sich dadurch gewissermaßen in sein Eigentum verwandelten.

Marshall nahm die Mappe mit Oechelhäusers Ideen erwartungsvoll entgegen und versprach, die Großherzogin darauf anzusprechen. Sophie und ihr Sekretär sahen sie zusammen durch und wurden mit jeder Seite begeisterter. Die Großherzogin wollte allen Bevölkerungsschichten etwas von bleibendem Wert schenken, etwas, wovon Generationen junger Menschen lernen und woran sie sich erfreuen könnten. Sie bat Marshall, Dingelstedt mit der Errichtung der Shakespeare-Gesellschaft zu beauftragen.

Plötzlich war bei der Umsetzung der Pläne Eile geboten. Es wurde ein Vorstand zusammengestellt. Großherzogin Sophie als offizieller Schutzherrin der Gesellschaft kam ein Ehrenplatz zu. Schon bald zeigte sich, dass *the Lady Patroness* diesen nicht als rein dekorativ betrachtete. Sie war bei allen Vorstandssitzungen anwesend, stets in Begleitung von Marshall. Dieser kleidete sich als Gentleman und sorgte heimlich für Heiterkeit, weil er immer passende Accessoires zu seinen Anzügen trug.

Als Shakespeares 300. Geburtstag sich näherte, geriet Weimar gerade in zunehmende Angst und Aufruhr, denn am 30. März 1864 hatte der König von Dänemark unerwartet das Herzogtum Schleswig-Holstein annektiert.

Der Deutsche Bund erklärte ihm unverzüglich den Krieg, und ein Heer unter Führung von Karl, Prinz von Preußen, machte sich auf den Weg nach Norden. Sophie war bestürzt: Sollte der Krieg, in dem so viele Soldaten gefallen waren, umsonst gewesen sein? Während der Kampf in Nordschleswig einen blutigen Höhepunkt erreichte, traf man in Weimar die letzten Vorbereitungen für die offizielle Gründung der Deutschen Shakespeare-Gesellschaft. *The Lady Patroness* war sich bewusst, dass ihre Gesellschaft ein Vorbild für ganz Deutschland darstellte.

Sophie stellte deshalb einen großzügigen Betrag zum Ankauf von Büchern für die Shakespeare-Bibliothek zur Verfügung, plante die Produktion von Shakespeare-Jahrbüchern, die alle Mitglieder gratis empfangen sollten, und wollte seine Werke neu übersetzen lassen. Es sollten preisgünstige Ausgaben werden, die zur Verbreitung der Meisterwerke auch in der Mittelschicht und unter den Arbeitern führen sollten. Mit der Unterzeichnung der Statuten entstand die erste literarische Gesellschaft Weimars.

Die Shakespeare-Gedenkfeierlichkeiten wurden am Abend vor dem 23. April mit der Erstaufführung der sieben Königsdramen eingeläutet. Während der Vorstellung erhitzten sich die Gemüter, denn die Zuschauer verglichen den Verlauf des Kampfes zwischen dem *House of York* und dem *House of Lancaster* mit dem Krieg, der gerade in Schleswig wütete. Am 18. April waren die Düppeler Schanzen gestürmt worden, und dies führte zu einem blutigen Gefecht, das der Deutsche Bund gewann.

Die erste Vorstellung endete mit stürmischem Applaus und Jubel für die Schauspieler. Mit diesen Ovationen ehrte man auch die verwundeten und gefallenen deutschen Soldaten. Franz von Dingelstedt gelang eine Meisterleistung, indem er in der Festwoche die Königsdramen *Richard II.*, *Richard III.*, *Edward III.*, *Heinrich IV.* und *Heinrich VI.* in perfekter deutscher Aufführung auf die Bühne brachte. Weimar geriet in einen Shakespeare-Rausch: Abend um Abend verfolgte das Publikum atemlos die Serie der Königsdramen, aufgepeitscht durch die Neuigkeiten von der Front.

Das großherzogliche Paar und die zwei Töchter ließen keine Vorstellung aus. Zitta saß immer neben ihrem Vater und klammerte sich an seinem Arm fest, wenn ihr die Spannung auf der Bühne zu groß wurde. Sophie wünschte sich in dieser Shakespeare-Woche, dass ihr Freund Hebbel dabei gewesen wäre. Doch sie hatte im Dezember aus Wien die erschütternde Nachricht erhalten, dass der Schriftsteller in seinem 50. Lebensjahr gestorben war.

DER AUSWÄRTIGE

Im Sommer ließ der Großherzog seine Koffer packen und begab sich mit seinem treuen Adjutanten in den belgischen Badeort Ostende, wo jeden Sommer eine fürstliche Gesellschaft zusammenkam. Neben dem alten König Leopold I. von Belgien und dessen Sohn, Kronprinz Leopold, Herzog von Brabant, mit Frau und Kindern traf er dort auch seine Cousine, die Großfürstin Olga Nikolajewna, zweite Tochter von Zar Nikolaus I. und Frau von Karl von Württemberg. Durch den Tod des alten Königs im Juni 1864 war sie Königin von Württemberg geworden. Man begrüßte den Großherzog von Sachsen-Weimar-Eisenach als treuen Vetter und Freund.

Eine Hofdame aus dem Gefolge der Württemberger Königin machte sich einen Spaß daraus, Carl Alexander zu veralbern. In ihr Tagebuch schrieb sie: »Er war so gutherzig und uncompliziert, so unterrichtet und gesellig und nicht zuletzt so leicht zu necken. Wie oft verulkten wir Seine Tugend, indem wir ihm den Roman ›Fräulein Million‹ schickten, den man ihn immer wieder auf die unverwartetste Weise finden liesz; einmal in seiner Badewanne, ein andermal in einer Bonbonniere, schlieszlich, mit Hilfe König Leopolds, erschien er als wichtiger, sofort zu übergebender Brief während eines Hofdiners.«[7]

So sorgte der Großherzog, ohne es zu wollen, für große Heiterkeit. Aber trotz seines auffälligen Verhaltens sagte Fürst Gortschakow über seinen treuen »Vetter« zu einer Hofdame, er sei ein gebildeter Mann, ein kleiner Schönredner nach der Mode von Weimar, der aber das lächerliche Bestreben habe, zu fein anzutreten.

Carl Alexander, der sich des Geredes um sich herum überhaupt nicht bewusst war, hatte das Hôtel Royal de Prusse bezogen. Der Großherzog nahm die verschriebenen Salzwasserbäder. Bei schönem Wetter flanierten alle fürstlichen, adeligen und nicht adeligen, aber wohlhabenden Badegäste über den zugigen Boulevard. Die Bürger von Ostende hatten sich inzwischen an diese Sommerrituale gewöhnt und sagten einander nur dann noch Bescheid, wenn Kaiserin Elisabeth von Österreich, schlank und strahlend schön in ihrem Vierspänner die Küste entlangfuhr. Manchmal ließ sie früh morgens ihr Pferd satteln und ritt in gestrecktem Galopp über den Strand, wobei sie ihren unruhigen und melancholischen Blick

Seine Gefallsucht fiel nicht nur seiner Frau auf:
Großherzog Carl Alexander von Sachsen-Weimar-Eisenach, 1855

über die See und die Fischerboote schweifen ließ. Man sagte, sie schreibe Gedichte im Stil Heinrich Heines.

Auch Prinzen aus dem bescheidenen Haus Reuß, Künstler und sogar Franz von Dingelstedt mischten sich im Sommer unter die *Beau Monde* von Ostende.

CHARLES, ZITTA UND ELSY

Im Großherzogtum nannte man Carl Alexander den »Auswärtigen«. Er war viel auf Reisen. Die Briefe, die Sophie von einer der vielen Urlaubsadressen von ihrem Mann empfing, begannen meist mit *Mon cher Ange*. Sie machte sich Sorgen um die schwache Gesundheit ihres Sohns Charles, der als offizieller Repräsentant der großherzoglichen Familie zur Bestattung des Königs nach Württemberg gefahren und erschöpft zurückgekehrt war.

Carl August feierte am 31. Juli seinen 20. Geburtstag. Im Gegensatz zu seinem langen, schlanken Vater war er ziemlich klein und gedrungen. In Hinsicht auf die Zukunft des Erbgroßherzogs hatten seine Eltern ihm einen strengen Erzieher ausgesucht. Wenn der Erbprinz mittags Sprachunterricht bekam, saß seine Mutter normalerweise daneben. Danach machte sie mit ihm einen Spaziergang durch den Schlosspark, um über seine Entwicklung auf dem letzten Stand zu sein. Mit zunehmendem Befremden merkte sie, dass ihr Sohn keinerlei Gefühl für Musik und genauso wenig für Malerei oder Literatur hatte. Als er zum Studium nach Heidelberg zog, hoffte sie, dass dort sein Interesse an den schönen Künsten geweckt würde.

Die Mädchen hingegen erfüllten ihre Erwartungen voll und ganz. Der Musikpädagoge ihres Sophienstifts, Professor Carl Müllerhartung, gab auf Bitte der Großherzogin beiden Prinzessinnen Musikunterricht. Vor allem Elsy verfügte über eine schöne Singstimme und spielte hervorragend Klavier. Zitta hatte immer einen Skizzenblock und Buntstifte bei sich. Sie fertigte überraschend treffende Porträts an. Ihr Bruder war ein typischer deutscher Landjunker, der Waldbau, Landbau und Viehzucht liebte. Man fand den Prinzen oft in den Ställen, denn er liebte Pferde über alles. Hierin fanden sich Mutter und Sohn.

HEINRICHAU

Das Zisterzienserkloster Heinrichau war Sophies Unterkunft während der Schlesien-Besuche.

Das landwirtschaftliche Wissen, das Frau Koele der Prinzessin von Oranien auf dem kleinen Bauernhof bei Soestdijk vermittelt hatte, nährte in Sophie den Wunsch, sich als Großgrundbesitzerin nützlich zu machen. Sie hatte aus dem Nachlass ihres Vaters die Landgüter Heinrichau, Racod und Stengaf in Schlesien erworben. Sie nahm sich vor, diese vernachlässigten Güter in rentable Betriebe zu verwandeln. Dazu nahm sie Unterricht beim Direktor der Landbauschule in Eisenach. Sie hatte vor, zukünftig den Monat Oktober und manchmal auch einige Wochen im Frühling in Schlesien zu verbringen, um dort die Fäden in der Hand zu halten. Die frühere Zisterzienserabtei Heinrichau mit ihren großzügigen Sälen bot ihr eine schlossähnliche Unterkunft. Die angrenzende Kapelle ließ sie von den Mönchen zu einer evangelischen Kapelle umgestalten, sodass sie dort sonntags den Gottesdienst besuchen konnte.

ANNA PAWLOWNAS TOD

Ende Februar 1865 erlitt Anna Pawlowna einen schweren Schlaganfall. Sophie und ihr Mann fuhren sofort nach Den Haag. Im Schlafgemach von Buitenrust trafen sie bei der Patientin ihre Schwägerin Amalia und Königin Sophie an. Mittags hatte die Kranke einen weiteren Schlaganfall. Ein russischer Priester mit einem langen Bart und einem silbernen Kreuz auf der Brust positionierte sich neben ihrem Bett. Er sang mit tiefer Bassstimme für ihre Seele, und als sein Gesang verklang, war Anna Pawlownas Leben zu Ende. In einem fernen Zimmer kläfften ihre russischen Hündchen.

Die Königin kehrte nach Schloss Noordeinde zurück. Am 9. März nahm sie die Korrespondenz mit ihrer englischen Freundin wieder auf. Sie schrieb ihr, dass der Großherzog und die Großherzogin aus Weimar bei ihnen wohnten. Er sei lächerlich, habe aber einen guten Charakter. Sie möge ihn. Sie sei sehr intelligent, aber nicht integer, falsch, ihre Anwesenheit sei alles andere als angenehm.

König Wilhelm III. stand gleichgültig an der Bahre seiner Mutter. Kronprinz Wiwill zeigte genauso wenig Gemütsregung. Sein Bruder Alexander klammerte sich an seiner Mutter fest.

Anna Pawlownas Beerdigung fand am 16. März statt. Am Tag danach kam der engste Familienkreis im königlichen Schloss zusammen. Von der Testamentseröffnung der verwitweten Königin berichtete Königin Sophie, als sie wieder in der Lage war, einen Stift festzuhalten, diese habe den König enterbt und ihre Kinder nicht einmal erwähnt, stattdessen den Kindern der Weimarer, dem Zaren und dessen Kindern den Großteil vermacht. Der König sei erst außer sich gewesen vor Zorn, habe sich jedoch sofort vom Großherzog und Prinz Heinrich, der ein schlauer, falscher Kerl sei, einwickeln lassen und sogar auf seinen Pflichtteil verzichtet.

Als Sophie nach nervenaufreibenden Wochen im Dampfzug nach Hause ins Großherzogtum saß, ging ihr auf, dass sie jetzt reich war, steinreich. Dank des ausgefeilten Ehevertrags, den König Wilhelm II. ausgehandelt hatte, konnte niemand anders als sie selbst über das Kapital verfügen. Buitenrust und Zorgvliet gehörten jetzt ebenfalls ihr. Das dazugehörige Landgut erstreckte sich vom Scheveningseweg bis zum Ort Scheveningen selbst. In südwestlicher Richtung grenzte es an die Domänen von Houtrust und Valkenbosch.

Sophies Mutter Anna Pawlowna als Königin der Niederlande

Prinz Heinrich, der Schloss Soestdijk geerbt hatte, erlaubte seiner Schwester, dort ihre Sommer zu verbringen. Sein Amt erforderte, dass er sich mit Prinzessin Amalia die meiste Zeit im Großherzogtum Luxemburg aufhielt. Für Sophie bedeutete das, dass sie und ihre Kinder weiterhin Zugang zu ihrem kleinen Bauernhof, den Weiden mit dem Vieh hatten.

Jetzt verfügte sie über so viel Kapital, Immobilien und Schmuck, dass sie sich alles erlauben konnte. Im Gegensatz zu ihrem verschwenderischen Vater hatte sie vor, ihr Vermögen vernünftig zu verwalten und es nicht für vergängliche Dinge auszugeben. Für sie bedeutete Glück, durch gezielten Einsatz ihres Vermögens so viele Menschen wie möglich über mehrere Generationen hinweg glücklich zu machen.

CHARLES VERLAT

Der gefeierte Maler Charles Verlat kehrte nach einer erfolgreichen Karriere in der französischen Hauptstadt nach Antwerpen zurück, wo er 1824 als Sohn eines Seifensieders zur Welt gekommen war. Seine flämischen Künstlerfreunde nannten ihn jetzt wieder Karel. Die Maler machten sich gerne über die französische Vornehmheit lustig, und Verlat nahm diese in seinen Spottbildern aufs Korn. Nachdem sie sich im Salon de Paris kennengelernt hatte, hatte der Großherzog von Sachsen-Weimar-Eisenach ihn nach Weimar eingeladen und ihm angeboten, an der dortigen Kunstschule zu unterrichten. Die Stadt galt in belgischen Künstlerkreisen als der Parnass, wo die größten Schriftsteller, Dichter, Komponisten und bildenden Künstler angesiedelt waren. Außerdem gab es dort eine wertvolle Kunstsammlung. Er erzählte seinen Freunden, dass seine königliche Hoheit von seiner Historien-, Tier- und Genremalerei so angetan sei. Am besten gefielen ihm die ernsten Porträts.

Nach seinen Pariser Jahren, in denen er mit dem berühmten Ary Scheffer zusammengearbeitet hatte und ein Stammgast in den Ateliers von Gustave Courbet, Hyppolite Flandrin und Thomas Couture gewesen war, wollte Verlat seiner Künstlerlaufbahn eine neue Wendung geben.

Die Hoffnung seiner Freunde, dass er in der Stadt an der Schelde bleiben werde, wurde schon bald enttäuscht. Dort hatte er einst auf dem Dachboden des Vleeshuis vom namhaften Nicaise de Keyser seinen ersten Unterricht bekommen. Verlat hatte es eilig, Belgien, das ihn erdrückte und ihm nichts Neues mehr zu bieten hatte, zu verlassen. Die Maler nutzten die Gelegenheit seines Abschieds für ein Festbankett, bei dem neben den Lieblingsgerichten auch schlüpfrige Scherze und Trinklieder auf den Tisch kamen. Als er eintrat, überreichten seine Kollegen ein Menü, das sie eigens bemalt hatten. Man hob das Champagnerglas auf den scheidenden Meister und entkorkte Flasche um Flasche »Pispotter«. Am Ende des Abends, an dem viel gelacht wurde, konnte keiner der Gäste noch auf seinen Beinen stehen. Verlat bestellte sich eine Mietkutsche und holperte über das Kopfsteinpflaster nach Hause.

Im Dezember kam er nach langer Reise in der Thüringer Stadt an. Er meldete sich auf dem großherzoglichen Schloss, wo ihn ein Hofwürdenträger steif und förmlich empfing. Am nächsten Tag bekam Verlat eine

Führung durch die Kunstschule, die in einer umgebauten Scheune am Ende der Marienstraße untergebracht war. Das Erdgeschoss war als Antikensaal eingerichtet und stand voll mit Gipsabgüssen antiker Skulpturen. Das Obergeschoss bestand aus einer Reihe moderner Ateliers mit großen Fenstern, durch die das graue Winterlicht hereinfiel. Sie boten Aussicht auf einen Park mit kahlen Bäumen und nebelige Felder. Verlat gefiel das vorsichtige Licht, die Schatten, die sich in der tiefhängenden Wolkendecke auflösten. Er fühlte sich von Goethe beobachtet, dessen Farbenlehre ihn mit der Palette der Natur vertraut gemacht hatte.

Doch bevor er an die Arbeit gehen konnte, teilte man ihm mit, dass am Hof Sachsen-Weimar-Eisenach ein strenges Protokoll gelte. Verlat erfuhr, dass der Professor, der einige Jahre vor ihm an der Weimarer Kunstschule tätig gewesen war, sich darüber beschwert hatte, dass er sich eine Hofuniform hatte anfertigen lassen müssen, die aus einem goldbestickten Frack, Kniebundhose, Schnallenschuhen und einem Degen bestand. Die Maler vertäten in ihrer merkwürdigen Kostümierung am großherzoglichen Hof nur ihre Zeit. Doch der joviale Flame ordnete sich klaglos unter, denn er wollte aus seinem Aufenthalt in Weimar eine Erfolgsgeschichte machen.

Bei seinem ersten offiziellen Empfang auf dem Schloss war er über das Zeremoniell erstaunt, das fast an das von Kaiserin Eugénie in Paris heranreichte. Großherzog Carl Alexander bewegte sich als königliche Hoheit sehr majestätisch. Er unterschied strikt zwischen adeligen und nichtadeligen Personen. Doch als der den Maler sah, verfiel er in ungezwungene Herzlichkeit. Er stellte Verlat seiner Frau vor, die scheinbar die Gewohnheit hatte, sich erst einmal abwartend zu verhalten, und ihn hochmütig musterte. Sie wechselten wenige Worte, und schon bekam er den Auftrag, sie lebensgroß zu porträtieren.

Verlat hoffte, auch Kronprinz Carl August vorgestellt zu werden, doch der war nicht anwesend. Er hielt sich mit seinen Truppen in Mainz auf, um gegebenenfalls feindliche Angriffe von französischer Seite zurückdrängen zu können. Zwischen dem französischen Kaiserreich und Deutschland war die politische Lage schon geraume Zeit angespannt.

Der Maler hoffte zudem, die Enkel des berühmten Goethe kennenzulernen. Walther von Goethe, der Kammerherr des Großherzogs, litt jedoch unter einem »Brustleiden« und hielt sich in Jena auf, wo die Luft etwas milder war. Verlat war entzückt von den beiden Prinzessinnen. Zitta, die ältere, hielt sich zwar ans Protokoll, hatte dabei jedoch etwas sehr Natürliches, und er erkannte ein Gefühl für Humor in der Art, wie sie mit einem kleinen Pudel spielte, der ständig um sie herumscharwenzelte.

Von der Anzahl der Kunstschüler mit Talent war er enttäuscht. Die meisten schienen Amateurmaler zu sein, die beruhigende Landschaften malen konnten, die sehr gefragt waren. Es fehlte ihm das Innovative, mit dem die Pariser Maler Aufsehen erregten. Weil die Pariser Salons sich weigerten, ihre realistischen Gemälde zu zeigen, mussten sie mithilfe von Napoleon III. eigene Räumlichkeiten mieten, um Bilder wie Manets *Déjeuner sur l'herbe* (»Frühstück im Grünen«) auszustellen. In diesem besonderen *Salon des Réfusés* (»Salon der Abgelehnten«) wussten die Gemälde extreme Gefühle der Entrüstung oder Bewunderung hervorzurufen.

Nur der 22-jährige Maler Max Liebermann, der in Weimar ein Haus am Frauenplan gegenüber von Goethes mietete, verfolgte einen interessanten Ansatz. Er wählte die Farben auf seiner Palette nach Goethes oft belächelten *Farbenlehre*. Vierzig Jahre zuvor hatte der große, damals schon betagte Schriftsteller gesagt, auf nichts, was er als Poet geleistet habe, bilde er sich etwas ein, jedoch sei er mit Fug und Recht stolz darauf, sich in der schwierigen Wissenschaft der Farbenlehre als Einziger ausgekannt zu haben.

Liebermann war im Kopf mit dem Himmelblau, dem Gelb und der düsteren Atmosphäre beschäftigt, woraus ein innovatives Œuvre zur entstehen schien. Großherzog Carl Alexander hatte sich angewöhnt, überraschend in den Malerateliers aufzutauchen.

Preller nahm den Antwerpener Kollegen mit in das neue Museum, wo Verlat dessen Wandmalereien der Odyssee bewunderte. Der deutsche Maler besaß ein einzigartiges Talent, Landschaft als theatralisches Dekor seiner Geschichten einzusetzen.

Die ersten Nachrichten von Heinrich Schliemanns Ausgraben in Troja waren in der westlichen Welt eine Sensation. Sie bestätigten Schliemanns Überzeugung, dass Homers Ilias keine fiktive Geschichte, sondern ein auf historischen Tatsachen begründetes Epos sei. Dies verlieh Prellers Wandbildern[8] Aktualität. Bei der feierlichen Eröffnung des *Großherzoglichen Museums* im Frühjahr 1869 hatten diese Wandgemälde an der oberen Galerie die meiste Bewunderung geerntet. Bei den Skulpturen war es ein lebensgroßes, marmornes Bildnis von Goethe, das in einer Nische des pompösen

Vom Großherzog an die Weimarer Kunstschule berufen: Der Maler Charles Verlat

Treppenhauses stand. Sophie hattes es auf der Italienreise des herzoglichen Paars gekauft und mit viel Mühe und großen Unkosten über die Alpen und den Rhein nach Norden transportieren lassen.

In Gesprächen erfuhr Verlat, dass Prinzessin Zitta ein ausgeprägtes Zeichen- und Maltalent besaß. Manchmal begleitete sie ihren Vater auf dessen Besuchen in den Ateliers. Ende Januar waren sie bei Ferdinand Pauwels, dem Antwerpener Historienmaler, der vom Großherzog nach Weimar eingeladen worden war, nachdem er den prestigeträchtigen *Prix de Rome* erhalten hatte. Pauwels hatte Verlat im Vertrauen erzählt, dass ihn zunehmend ärgere, wie der Fürst sich in seine Arbeit einmische. Das war auch der Grund gewesen, warum Franz Lenbach und Arnold Böcklin nach kurzem Aufenthalt die Weimarer Kunstschule wieder verlassen hatten.

Würde Verlat Prinzessin Zitta unterrichten dürfen? Preller machte ihm keine Hoffnungen. Verlat fühlte sich herausgefordert und war entschlossen, mithilfe eines Scherzes seinen Willen zu bekommen. Er wartete ab, bis Zitta ein paar Tage das Schloss verlassen hatte, und ließ sich dann ihr Lieblingshündchen bringen. Er war ein Virtuose im Anfertigen schneller Tierporträts. Der Hund bekam zwei Pinsel ins Maul, und Verlat legte ihm einen flehenden Blick in die runden Augen. Das niedliche Hundeporträt wurde zusammen mit dem Hund rechtzeitig in die großherzoglichen Wohnräume zurückgebracht. Als die Prinzessin nach Hause kam, fand sie das Geschenk auf einer Staffelei vor und rief ihre Mutter und Schwester hinzu. Zu dritt bewunderten sie das Gemälde und lachten über Verlats verborgene Botschaft. Dieser Überzeugungskraft war die Prinzessin nicht gewachsen, und Sophie erlaubte ihr, sich ab Mitte September als Schülerin bei Verlat anzumelden. Begeistert begann er, sie zu unterrichten. Auch die jüngere Prinzessin Elsy wurde seine Schülerin.

Beide lernten etwas aus Verlats Vorbereitung auf das offizielle Porträt ihrer Mutter. Sophie hatte Mühe, sich die Zeit zu nehmen, um für ihn zu posieren. Sie erschien in einem atemberaubenden Galakleid aus eisblauem Satin. Eine spitzenverzierte Korsage sollte ihren imposanten Schmuck aus Diamanten, Perlen und Rubinen hervorheben. Um ihre nicht besonders schlanke Taille trug sie einen rubinbesetzten Gürtel. An einer breiten Kette an ihrem Dekolleté hingen abwechselnd birnenförmige Perlen und Rubinanhänger. Der zentrale, riesige Rubin war in ein Achteck aus Diamanten gefasst und übertraf alles, was der Maler bis dahin gesehen hatte. Die Steine mussten aus dem Erbe ihrer russischen Mutter stammen. Das Ganze war von unschätzbarem Wert. Verlat bat sie, sich ans Nordfenster zu stellen. Sie schritt zu dem angewiesenen Platz, wobei ihr Rock aus sechs Stoffbahnen und einem Spitzenüberrock über den Teppich rauschte. Sie ließ ihre Arme hängen, wodurch ihre Haltung etwas Gebieterisches hatte. Er bat eine Hofdame, einen Fächer zu bringen. Auf Sophies Anweisung holte sie ein kostbares Exemplar, dessen Deckblatt mit Perlen und einem Saphir verziert war. Verlat gab Sophie den Fächer in die rechte Hand und ließ sie mit der linken ihre Schleppe anheben. Er trat ein paar Schritte zurück, betrachtete das Resultat und begann, sie von Kopf bis Fuß mit Holzkohle zu skizzieren. Ihr Gesicht mit dem glattgebürsteten Haar, auf dem ein Diadem mit geschliffenen Edelsteinen funkelte, arbeitete er noch nicht aus. Auch als er mit schnellen Strichen die Hauptfarben anbrachte, zögerte er noch, ihren kühlen, herablassenden Blick festzulegen. In den Augen der Großherzogin lag so viel Argwohn, dass er nur flüchtig die Platzierung von Nase, Mund und Augen festhielt und beschloss, das Gesicht in einer späteren Sitzung fertigzustellen. Seine Vorstudie in Öl war noch nicht fertig, als dramatische Umstände seine Arbeit vorläufig unterbrachen. Über der stillen Hauptstadt an der Ilm dröhnten die Kriegstrommeln.

DER DEUTSCH-FRANZÖSISCHE KRIEG

Im Frühjahr 1870 nahmen die politischen Spannungen zwischen Deutschland und Frankreich zu. Der Bundeskanzler des Norddeutschen Bundes Otto von Bismarck hatte sein politisches Streben auf die Vereinigung aller deutscher Staaten zu einem mächtigen Reich unter preußischer Führung ausgerichtet.

Sophie und Carl Alexander ahnten nicht, dass ihre sichere Existenz bedroht war. Im Sommer fuhr König Wilhelm I. von Preußen nach Bad Ems, um sich im dortigen Heilwasser einer Gesundheitskur zu unterziehen. Viele Fürsten und Fürstinnen fanden sich dort jährlich ein. Ein Gespräch zwischen dem kaiserlichen Gesandten aus Frankreich und dem preußischen König Wilhelm I. reichte aus, um einen Krieg auszulösen. Nach einem kurzen Dialog im Kurpark formulierte der König eine unschuldige Depesche. Bismarck verschärfte den Text jedoch und fügte ein paar Zeilen hinzu. Dann verschickte er sie an die internationale Presse und harrte der Reaktionen. Die Emser Depesche sorgte für große Wut und Entrüstung. Am 19. Juli 1870 erklärte Napoleon III. Preußen den Krieg.

Als sie hörte, dass die preußischen Truppen mobilisiert worden waren, wurde es Sophie angst und bange. Innerhalb einer Woche hatte Bismarck ein Heer von 380 000 Mann zusammengestellt. Das Großherzogtum war als Mitglied des Norddeutschen Bundes verpflichtet, am Krieg teilzunehmen. Auch Sophies Mann und Sohn mussten hierfür ihr Leben aufs Spiel setzen.

Carl Alexander wohnte dem Auszug der Truppen auf dem Platz vor der Kaserne bei. Auch Sophie mit ihren beiden Töchtern war dabei, symbolisch für alle Frauen und Mütter, die von ihren Männern und Söhnen Abschied nehmen mussten. Die Militärkapelle spielte Choräle von Bach, die die Gemüter noch stärker in Wallungen brachten. Aus blauem Himmel beschien die Sonne diesen bitteren Moment. Viele Soldaten gingen ihrem Tod entgegen.

Sophie dachte an ihren einzigen Sohn, der erst seit Kurzem wieder gesund war und sich derzeit in Düsseldorf auf den Aufbruch vorbereitete. Er sollte sich mit seinen Soldaten im Hauptquartier seines Cousins, des Kronprinzen Friedrich von Preußen melden.

Wie immer, wenn Sophie besorgt war, machte sie sich nützlich. Als Vorsitzende der Frauenvereine organisierte sie die Unterstützung der zurückbleibenden, hilfsbedürftigen Familien der Frontsoldaten. Sie verteilte die

Aufgaben unter den Frauen, damit ersten Verwundeten geholfen werden konnte und richtete aus eigenen Mitteln ein Feldlazarett ein.

Die militärische Zeremonie auf dem Kasernenplatz fand ihren Abschluss in einer Ansprache des Großherzogs. Er ernannte seine Frau offiziell zur Regentin des Großherzogtums. Mit Unterstützung des 66-jährigen Ministers Christian Bernhard von Watzdorf würde sie in seiner Abwesenheit die Geschäfte führen. Carl Alexander schloss Sophie und seine Töchter in die Arme und stieg dann in die Kutsche, die ihn an die Front bringen würde. Er wurde von seinem vertrauten Adjutanten General Hermann von Beust begleitet.

Die Franzosen hatten ihre Truppen an der Ostgrenze konzentriert. Der Kaiser verfügte noch nicht einmal über die Hälfte der Soldaten des Königs von Preußen. Wilhelm I., der nichts lieber als Frieden wollte, musste zusehen, wie sein Kriegsminister Albrecht von Roon die enorme Kriegsmaschinerie innerhalb kürzester Zeit in Gang setzte. Nach dem Krieg gegen Dänemark und Österreich würde dies der dritte und größte Krieg seiner Amtszeit werden.

Preußen ging sofort in die Offensive. In den ersten Augustwochen erlitt Frankreich drei vernichtende Niederlagen. Ein Großteil des französischen Heeres wurde in der Festung von Metz eingeschlossen. Als Prinzessin Elsy von dem Sieg hörte, schrieb sie ihrem Vater einen begeisterten Brief, in dem sie ihm von der Freude der Bürger der Stadt berichtete und sich dankbar zeigte, dass ihr Bruder seine Feuertaufe überstanden habe. Man könne nicht dankbar genug sein für diesen Gottessegen, denn die Moral der Truppen hänge doch größtenteils von einem ersten Sieg ab.

Sophie machte zwar äußerlich einen unerschrockenen Eindruck, litt innerlich jedoch Höllenqualen. Ihr Sohn hatte an der blutigen Schlacht bei Wörth teilgenommen und war unversehrt geblieben. Doch der Krieg war noch nicht vorbei. Täglich drängten sich die Frauen angsterfüllt vor den Totenlisten an der Mauer des Rathauses am Markt. Nach den Schlachten bei Wörth, Mars-le-Tour und Gravelotte wurden diese Namenslisten immer länger. Elsy berichtete ihrem Vater, ihre Mutter sei von ihren Gefühlen übermannt worden, wie alle, die sie umringt hätten, habe sich dann aber zusammengerissen und sei jetzt ruhig und beherrscht, fast fröhlich, wobei ihr ihr Talent, alles von einer komischen Seite zu sehen, helfe.

Sophie zog mit den Prinzessinnen ins Schloss Belvedere. Dort fuhr überraschend eine Kutsche vor, aus der sich mühsam die vertraute Gestalt ihres alten Onkels Prinz Friedrich schälte. Er war in Berlin gewesen, um sich garantieren zu lassen, dass die preußischen Truppen die neutralen Gebiete von Luxemburg und Limburg respektieren würden. In den neutralen Niederlanden schlugen sich der König und die Königin unverblümt auf die Seite Napoleons III., während Friedrich und seine Familie immer auf der Seite der preußischen Familie gestanden hatten.

Nach seiner Abreise war Sophie deutlicher denn je, dass ihre vertraute Welt in Freunde und Feinde von Deutschland auseinandergefallen war. Zwischen diesen beiden Parteien streunte eine Gruppe friedliebender Liberaler umher, die sich nirgendwo mehr zu Hause fühlte. Der von Sophie bewunderte russische Schriftsteller Turgenew, der in Paris wohnte, fragte sich fassungslos, was Deutschland beseele. Das Land der idealistischen Philosophen, Träumer und Dichter habe sich in einen militaristischen Staat verwandelt. Zusammen mit vielen anderen wanderte er ins neutrale England aus, das unter Königin Victoria eine Periode des Wohlstands erlebte.

Sophie fuhr mit ihren Töchtern mehrmals in der Woche in die Hauptstadt, um ihren Untertanen Mut zu machen. Ihrem Vater schrieb Elsy, die Menschen hätten sich gefreut, sie zu sehen, und sie hätten sogar winken müssen. Ihre Mutter habe sich sogar zu einem Spaziergang entschlossen, um dem Volk ihre Unterstützung zu signalisieren. Sie schickte ihm Küsse auch von ihrer Mutter und Schwester und brachte die Hoffnung zum Ausdruck, dass Gott ihren geliebten Vater schützen möge.

Carl Alexander las die Worte seiner jüngsten Tochter, die aus einer anderen Welt zu kommen schienen, fern der Kanonenschläge, der Toten und der Schreie der Verwundeten. Walther von Goethe schrieb ihm, er bedaure, dass er, nachdem sie alle großen Erfahrungen des Lebens geteilt hätten, diese nun ganz allein durchstehen müsse. Am 15. August, dem Vorabend der Schlacht bei Mars-la-Tour schrieb der Großherzog ihm zurück, er habe in der Ferne das Reiterlied aus Wallensteins Lager erschallen hören wie einen Gruß aus der Heimat.

Auf Drängen Kaiserin Eugénies nahm Napoleon III. mit einem Heer von 120 000 Mann persönlich am Feldzug nach Metz teil, um die Festung zu befreien. Seine Anwesenheit und die des erst 14 Jahre alten *prince impérial* (»kaiserlichen Prinzen«) Loulou an seiner Seite werde die Moral der Truppen stärken. Das Haus Bonaparte stand auf dem Spiel.

Die mächtige preußische Streitmacht erwartete sie schon. Am 2. September fand bei Sedan eine blutige Feldschlacht statt, bei der die sehr schlecht organisierten französischen Truppen eine vernichtende Niederlage erlitten. Der Kaiser ergab sich erschöpft Wilhelm I.

Hinter geschlossenen Türen wurde ein Treffen zwischen dem Sieger und dem geschlagenen Kaiser abgehalten. Als die Türen wieder aufgingen, traten die Fürsten heraus. Kronprinz Friedrich hörte, wie sich Napoleon III. ängstlich nach seinem Sohn Loulou erkundigte, den er aus dem Auge verloren hatte. Er notierte in seinem Kriegstagebuch, er habe Mitleid mit diesem gehabt, da ihm das gleiche Schicksal zuteilgeworden sei wie allen anderen Erben des französischen Thrones der letzten achtzig Jahre. Erst später erfuhr er, dass Loulou über Ostende den Hafen von Hastings erreicht hatte, wo ihn seine Mutter erwartete.

Hiermit ging das zweite französischen Kaiserreich zu Ende. Es hatte fast 18 Jahre standgehalten. Jetzt wurde in Paris die Zweite Republik ausgerufen. Man hatte sich vom Diktator Bonaparte befreit. Aber nicht, um sich von Preußen überrennen zu lassen. Die neue französische Regierung bereitete sich in Paris darauf vor, erbittert Widerstand zu leisten.

Als Sophie von den Schrecken der Schlacht bei Sedan hörte, empfand sie keinerlei Triumphgefühl. Ihre Krankenpflegerinnen wussten nicht, wo ihnen der Kopf stand, und es fehlte ihnen an Medikamenten, um die tausenden Opfer zu behandeln. Walther von Goethe äußerte sich bewundernd über die Tatkraft der Frauen, die in diesem Drama nicht die kleinste Rolle spielten. Ihr Einsatz an Zeit und Mühe sei unglaublich.

Nach dem plötzlichen Tod ihres Staatsministers Watzdorf im September war Sophie mit den Staatsgeschäften ganz allein. Ihre Arbeit als Regentin ließ ihr tagsüber keine Zeit für Gefühle. Am 19. September schrieb Elsy ihrem Vater, ihre Mutter sei sehr müde und habe sie gebeten, ihm an ihrer statt zu schreiben. Der Herbst 1870 brach an. Doch die Soldaten kehrten nicht nach Hause zurück. Der französische Kaiser hatte sich zwar den Preußen ergeben, die französische Republik jedoch nicht. Paris war von deutschen Truppen umzingelt, hatte jedoch nicht vor, sich zu ergeben. Der bitterste Teil des Krieges stand noch bevor.

Am 10. Oktober notierte Kronprinz Friedrich in seinem Kriegstagebuch über seinen Cousin Carl Alexander: »Der Groszherzog von Saksen Weimar hat vor einige Tagen, wie mir Graf Bismarck heute selbst erzählte, zum

Bundeskanzler die Äuszerung getan: ›Da es jetzt zu Unterhandlungen kommt, so hoffe ich, dasz ›mein‹ Bundeskanzler mir auch die erforderlichen Mitteilungen machen wird, damit ich eventuell solche nach Ausland gelangen lassen kann.‹ Graf Bismarck hat sich hierauf verneigt und erwidert: ›Ich werde nichts hinterlassen, was ›meinem‹ Groszherzog erwünscht sein kann.‹ Wir haben beide über diese Erzählung herzlich gelacht; aber es tut mir doch um den Onkel, den ich wirklich lieb habe, leid, dasz er sich in seinem Streben nach Fürstengrösze solche lächerlichen Blöszen gibt.«

Frauen fühlten sich die preußischen Herren überlegen. Vermerkte Friedrich doch am selben Tag über seine Tante Sophie, die Nachricht, dass seine Tante in Abwesenheit ihres Mannes die Geschäfte führe, habe große Heiterkeit erregt, und man habe den Großherzog damit aufgezogen, indem man sie wiederholt »seine Eugénie II.« genannt habe.

Sophie, die nichts Böses ahnte, saß jeden Abend an ihrem Schreibtisch und schrieb beim Licht einer Öllampe viele persönliche Beileidsbriefe an die Hinterbliebenen gefallener Soldaten. Als sie auf der Liste bei Thilo, Hermann von Beusts Sohn, ankam, fehlten ihr die tröstenden Worte. Cecilie von Beust nahm die Nachricht seines Todes so mit, dass sie wenige Wochen später verstarb. Für den Adjutanten des Großherzogs hatte damit jedoch das Leiden noch kein Ende: Auch sein älterer Sohn starb. Jede Familie hatte Tote und Verletzte zu betrauern. Zitta schrieb ihrem Vater, man tue für die Kriegsopfer, was man könne. Der Dienst auf den Stationen sei gut organisiert. Weimar habe einen ausgezeichneten Ruf, weil so viele Verwundete dort überlebten. Ihre Mutter werde von allen Seiten belagert, weil Angehörige sich von ihr Neuigkeiten über ihre Familienmitglieder erhofften, die an der Schlacht bei Wörth teilgenommen hätten.

Carl Alexander machte sich zur Zielscheibe des Spottes der ungehobelten preußischen Soldaten, weil er sich um die verletzten Soldaten kümmerte. Nach jeder Schlacht lief er mit Wasser und Verbandsmaterial hin und her und sorgte für den Abtransport der jungen Männer, die teils fürs Leben entstellt waren. Man verlachte ihn hinter seinem Rücken als barmherzigen Samariter, doch der Großherzog hatte zu viel zu tun, als dass ihn das beschäftigt hätte.

Am 16. Dezember zog Carl Alexander ins Schloss Versailles ein. In Gedanken war er viel in der Mansarde am Frauenplan, wo Walther krank das Bett hütete. Er berichtete ihm von diesem wundervollen Ort. Im Gegensatz zu anderen Orten, die einst majestätischer gewesen, aber inzwischen dem Verfall anheimgefallen seien, sei hier alles in vollem Glanz erhalten. Alle Möbel stünden noch in den Gemächern und die Statuen und rauschenden Gewässer in den Gängen. Die Lebensfülle habe etwas Geisterhaftes, insbesondere jetzt, wo man zwischen den glänzenden Marmorwänden der königlichen Gemächer die Verwundeten in die prachtvollsten vergoldeten Decken bette.

Bismarck wurde vom zähen Widerstand des republikanischen Regimes in Paris aufgezehrt. Er hielt seine Kanonen, Kugeln und Granaten bereit, um die Stadt sturmreif zu schießen und so das Kriegsende herbeizuführen. Dieser Kampf dauerte zu lange und kostete zu viel Geld und zu viele Menschenleben. Doch König Wilhelm fürchtete die Reaktionen aus Europa. Königin Victoria hatte den Befehl gegeben, die Stadt zu verschonen. Ihr Schwiegersohn Friedrich schlug im Kriegsrat auf den Tisch und rief aus: »Paris shall not be bombarded!« Eher aus diplomatischen als aus humanitären Erwägungen heraus entschied sich Generalfeldmarschall Moltke dafür, die Einwohner von Paris auszuhungern, damit sie sich von selbst ergäben.

Für die belagerte Stadt brachen grausame Wintermonate an. Ein Augenzeuge berichtete, die eleganten Pariserinnen bauten ihre Ankleidezimmer zu Hühnerställen um. In den Straßen der Stadt begegne der Tod dem Tod. Die ausgehungerten Bürger aßen Katzen und Ratten.

KAISER WILHELM

Am 8. Oktober, seinem Hochzeitstag, vergaß Carl Alexander nicht, seine Töchter zu bitten, ein Geschenk für Sophie zu kaufen. Und auch Weihnachten ließ er Sophie, Zitta und Elsy füreinander etwas Schönes aussuchen. Als Neujahrsgeschenk schickte er ein Porträt von sich selbst. Elsy bekam den Auftrag, ihm im Namen ihrer Mutter für das »charmante Foto« zu danken, weil diese zu viel zu tun habe.

Im Schloss von Versailles, in dem verwundete Soldaten auf Feldbetten versorgt wurden, fanden daneben auch noch Verhandlungen über die Zukunft Deutschlands statt. Kronprinz Friedrich bemerkte Carl Alexanders resignierte Haltung, der zwar seine Hilfe und seinen Rat abwechselnd als Freund und Verwandter anbot, jedoch nicht ernst genommen und bald allgemein spöttisch »König von Thüringen« genannt wurde.

Bismarcks Vorschlag, König Wilhelm von Preußen zum Kaiser des Deutschen Reichs zu proklamieren, stieß auf ganz unterschiedliche Reaktionen. Der preußische König selbst ließ sich nur mit Mühe überreden, die hohe Stellung anzunehmen. Am 18. Januar 1871 fand im Versailler Prunksaal die Zeremonie statt, ein Meilenstein in der deutschen Geschichte.

Unter den vielen Fürsten, die sich um das Podium im Spiegelsaal geschart hatten, befanden sich auch Carl Alexander und sein Sohn Carl August. Der deutsche Kaiser war 74 Jahre alt. Dass Preußen auf diese Weise kein eigenständiger Staat mehr war, deprimierte ihn. Kaiser Wilhelm konnte seinen Reichskanzler jedoch nicht genug preisen, weil dieser mit einer unglaublichen Kraftanstrengung, mit List und mit militärischer Gewalt die Reichseinigung zustande gebracht hatte. Der Kaiser nahm sich vor, Bismarck zum Fürsten zu erheben.

Während auf Versailles gefeiert wurde, litt die Stadt am Horizont. Die Belagerung von Paris dauerte schon vier Monate an, und die Bevölkerung war ausgehungert. Die Überlebenden dachten gar nicht daran, sich zu ergeben. Kaiser Wilhelm wusste in dieser tragischen Situation keinen Rat. Dieser Krieg musste beendet werden. In den Lagern des deutschen Heeres brachen ansteckende Krankheiten aus. Ende Januar war der Kaiser so zermürbt, dass er Helmuth von Moltke den Oberbefehl übertrug. Dieser dachte über den nächsten Schritt nicht lange nach: Er ließ eine Batterie moderner, gusseiserner Kanonen der Firma Krupp auf Paris richten und gab Feuerbefehl.

Das Petit Trianon, Lustschloss in Versailles und Vorlage für das Goethe- und Schiller-Archiv

Die Bombardierung war so schwer, dass das geschundene Paris sich nach drei Tagen ergab.

Als Carl Alexander Sophie telegrafierte, dass die Friedenspräliminarien unterzeichnet worden seien, brach in Weimar Jubel aus, wie Walther seinem Großherzog mitteilte.

RÜCKKEHR NACH WEIMAR

Friedrich, der jetzt Thronfolger des Deutschen Kaiserreiches war, notierte in seinem Kriegstagebuch, die Fürsten und Prinzen hätte es eilig, Versailles zu verlassen. Der Großherzog habe wegen seines Auftretens und Verhaltens den Beinamen »Gegenkaiser« erhalten, was ihm für ihn leidtue, aber sehr bezeichnet für die Art seines Benehmens und Auftretens sei.

Acht Tage nach der Unterzeichnung des vorläufigen Friedensvertrags erreichten Carl Alexander und Carl August in der stolzen Gesellschaft von Kaiser Wilhelm und Kronprinz Friedrich das grüne Tal an der Ilm, wo ihr Eintreffen Begeisterungsstürme auslöste.

Großherzogin Sophie saß während des Triumphzugs durch Weimar neben ihrem Schwager in der offenen Kutsche. Dass sie jetzt die Schwägerin des Kaisers war, schmeichelte ihrem Dynastiebewusstsein. Unter ihren Ahnen nahm Adolf von Nassau, Landgraf von Thüringen eine hohe Stellung ein, weil er 1292 im Aachener Dom zum römisch-deutschen König gekrönt worden war. »Kaiser Adolf« wurde sogar noch in der niederländischen Landeshymne besungen. Seine Gebeine ruhten im Kaiserdom von Speyer bei seinen illustren Vorfahren.

Der Großherzog und sein Neffe Kronprinz Friedrich saßen dem Kaiser in der Kutsche gegenüber und winkten dem Volk zu. Als Sophie und Carl Alexander am späten Nachmittag mit dem kaiserlichen Besuch auf den Balkon traten, hatte sich auf dem Schlossplatz eine jubelnde Menschenmenge versammelt. Walther notierte, die Wiedervereinigung des großherzoglichen Paares nach dieser schweren Zeit habe ihm ein wohltuendes Gefühl geben. Dass auch der Erbgroßherzog an den blutigen, glücklicherweise inzwischen beendeten Kämpfen teilgenommen habe, werde den jugendlichen Prinzen sein Leben lang prägen.

Am 8. April wurde die Großherzogin 47 Jahre alt. Diesen Freudentag nutzten die Weimarer Bürger, um ihr überschwänglich dafür zu danken, wie sie das Land während des Krieges regiert hatte. Am liebsten hätte die bescheidene Sophie sich den Lobesreden entzogen, doch sie wurde an jenem Tag von der ganzen Bevölkerung gepriesen. Eine Abordnung der Frauenvereine brachte ihr morgens Blumen, und ein Prediger schrieb den Text eines Lobliedes, das der Chor abends darbrachte:

Einst sandt uns Holland Blüthen
Mit Farbenpracht und Duft.
Wie nirgends sie entglühten
Auch nicht in südens Luft;
Heut singen wir zum Ruhme
In alle Welt hinaus:
Es gab die schönste Blume
Dem Sachsenfürstenhaus!

Sobald sie konnte, zog Sophie sich in ihr Appartement im Schloss zurück. Die Wand des Saals zierte seit einigen Wochen das lebensgroße Ölporträt, das Charles Verlat von Sophie im Kriegswinter angefertigt hatte. Sowohl Carl Alexander als auch seine Töchter fanden sie darauf vorzüglich getroffen. Womöglich könnte der Maler auch den Erbgroßherzog porträtieren? Doch Carl August hatte es eilig, zu seinem Regiment zurückzukehren, das noch jahrelang in der Garnisonsstadt Düsseldorf bleiben würde. Zwischen seinen Soldaten und den Pferden fühlte er sich zu Hause. Nicht in Weimar, wo sein Vater ihn ständig kritisierte und ständig mit seiner Litanei über die bildenden Künste und die Musik belästigte. Er hatte als Rittmeister die Schlacht von Sedan miterlebt und an der Belagerung von Paris teilgenommen. Man hatte ihm das Eiserne Kreuz angesteckt. Sein Platz war im Heer, wo er hoffte, ein guter Kavallerieoffizier zu werden. Der Kronprinz träumte von Reisen nach Afrika und Asien, wollte auf einem arabischen Vollbluthengst durch die Wüste ziehen und auf einem Elefanten nach Indien reiten. Schnell nahm Carl August Abschied, gab seinem Pferd die Sporen und ritt der Freiheit entgegen. Dass seine Mutter eine Ehe für ihn arrangieren wollte, ließ ihn kalt. Sollte sie doch gerne selbst eine passende Partnerin für ihn aussuchen.

LISZT ZURÜCK IN WEIMAR

Am Hof nahm man das normale Leben wieder auf. Nachdem Franz Liszt vom Vatikan keine Zustimmung erhalten hatte, die geschiedenen Prinzessin Carolyne zu Sayn-Wittgenstein zu heiraten, trat er in den geistlichen Stand und zeigte sich fortan mit seinen weißen Haaren in einer langen, schwarzen Soutane.

Er ließ die Prinzessin in Rom zurück. Er schrieb ihr, das großherzogliche Paar habe ihm ein Appartement in der *Hofgärtnerei* eingerichtet, und die Großherzogin und die Prinzessinnen hätten für das Interieur gesorgt. Nach seinem Aufenthalt in Ungarn war er froh, wieder bei Sophie und Carl Alexander zu sein. Über letzteren notierte Liszt in seinem Tagebuch, er sehe gut erholt, aber traurig aus.

Von diesem Tag an fand sich der Komponist häufig beim großherzoglichen Paar zum Essen ein. Da Dingelstedt nach Wien gegangen war, lief Liszt nicht mehr Gefahr, seinem Feind im Theater zu begegnen. Das Publikum begrüßte ihn mit großem Applaus.

Mittags wandelte der Großherzog gerne über die verschlungenen Wege des Schlossparks zum Haus des Komponisten. Am anderen Ufer der Ilm schimmerte Goethes geschlossenes Gartenhaus, das sich die Familie Goethe ebenfalls zu verkaufen oder Gästen zur Verfügung zu stellen weigerte. Liszts Hofgärtnerei lag nahe genug an der Stadt, dass er dort Gäste und Schüler empfangen konnte. Durch die offenen Fenster schallten die Klänge des Bechstein-Konzertflügels, den Liszt so energisch spielte, dass Carl Alexander ihn fast jährlich ersetzen lassen musste. Das Haus hatte vier Zimmer. Liszt schrieb Carolyne von einem Salon mit vier Fenstern, die durch algerische Draperien zweigeteilt würden und die er nach Belieben öffnen und schließen könne, einem Esszimmer und einer Kammer für seinen Diener. Überall lägen schöne Teppiche. Es gebe vier Berliner Öfen, Doppelfenster, Vorhänge aus kostbaren Stoffen an Fenstern und Türen, passende Möbel, drei bronzene Pendeluhren, mehrere dreiarmige bronzene Kerzenleuchter, sechs bis acht Carcel-Öllampen, zwei Spiegel mit vergoldeten Rahmen, Silberbesteck, Glas und Porzellan für sechs Personen.

Carolyn schickte ihrem ungreifbaren Freund im Norden neidische Briefe. Sie warf ihm vor, dass all sein Flirten mit dem egoistischen und

Franz Liszts Wohnhaus mit der Hofgärtnerei im Erdgeschoss

herzlosen Weimarer Hof zu nichts führe und es viel wichtiger sei, dass er wieder nach Rom komme, statt dort weiter Zeit zu vertun. Doch der Komponist wollte sich nicht in Rom niederlassen. In Weimar ließ er sich die Ehrenerweisungen und die Geschenke der Großherzogin gefallen, mit denen sie ihn dauerhaft an den Hof binden wollte.

Die politischen und religiösen Gegensätze zwischen dem Abbé und dem protestantischen Großherzog und seiner Gemahlin blieben dank ihrer unverbrüchlichen Freundschaft besprechbar. Der Komponist hatte im Deutsch-Französischen Krieg Napoleons Seite gewählt. Er besuchte französische Salons, las französische Literatur und liebte französische Malerei. In diesem Punkt unterschied er sich stark von Richard Wagner, der mit Herz und Seele der germanischen Kultur zugetan war. Der Abbé hatte allerdings immer noch nicht verwunden, dass seine Tochter Cosima ihren Mann verlassen hatte, um Richard Wagners Maitresse zu werden. Als sie endlich mit ihm den Bund der Ehe einging, war sie schwanger mit ihrem dritten Kind. Wenige Wochen später gebar die Braut ihren ersten Sohn, den sie Siegfried nannte.

Jetzt war Liszt Wagners Schwiegervater. Seine Tochter und Enkelkinder hatte er schon seit Jahren nicht mehr gesehen. Seine Bewunderung für Wagners Kompositionen war unvermindert.

Die Sonntagsmatineen in der Hofgärtnerei waren bald gut besucht. Nach dem Gottesdienst in der Hofkirche, der um elf Uhr endete, fuhren Sophie und ihr Mann zu Liszt, der sie in seinem überfüllten Salon empfing. Eine polnische Pianistin warf dem Abbé verliebte Blicke zu und brachte damit die Gerüchteküche der Weimarer Bürger zum Brodeln.

Das großherzogliche Paar und die Prinzessinnen saßen stets in der ersten Reihe, um Liszt zuzuhören. Manchmal befand sich auch Charles unter den Zuhörern. Der Großherzog, ein geborener Salonlöwe, der großen Wert auf elegante Manieren und eine perfekte Aussprache der französischen Hofsprache legte, ärgerte sich, dass sein Sohn kaum Französisch und Deutsch am liebsten mit Thüringer Einschlag sprach. Der Junge schien in jeder Hinsicht das Gegenteil seines Vaters zu sein.

Sophie litt weniger unter dem Verhalten des Erbgroßherzogs, der 26 war und sicher zur Vernunft kommen würde, sobald er heiratete und eine Familie gründete. Sie beschäftigte sich schon geraume Zeit ehrgeizig mit der Wahl ihrer zukünftigen Schwiegertochter. Sie hatte ein Auge auf eine Nachkommin des Zaren geworfen, ein Mädchen mit Romanow-Blut, das eine Zierde für das Haus Hohenzollern, aber auch für die Häuser Sachsen-Weimar und Oranien-Nassau wäre. Am Jahresende schien das erfreuliche Resultat ihrer diplomatischen Verhandlungen in greifbarer Nähe. Sie bestand jedoch darauf, dass ihr Mann die bevorstehende Hochzeit noch geheim halten möge.

DIE RUSSISCHE VERLOBTE

Als der Erbgroßherzog sich im Dezember 1871 auf eine Reise nach Russland vorbereitete, fragte man sich neugierig, was das wohl zu bedeuten habe. Carl Alexander freute sich so sehr über den Erfolg seines Sohnes, dass er sich bei Walther verplapperte. Die Neuigkeit, dass der Thronfolger eine russische Gemahlin ins Großherzogtum holen werde, verbreitete sich daraufhin wie ein Lauffeuer.

Mit Geschenken für die gesamte Zarenfamilie beladen näherte sich Charles dem Winterpalast am Ufer der zugefrorenen Neva, um offiziell um die Hand der 20-jährigen Prinzessin Theresa anzuhalten, der Tochter von Prinz Peter von Oldenburg, dem Sohn von Katharina Pawlowna und ihrem ersten Mann. Peter war am russischen Hof erzogen worden und war eine Liebesheirat eingegangen mit einer Prinzessin von Nassau-Weilburg. Mit ihr hatte er acht Kinder, von denen Theresa, die 1852 geboren wurde, das jüngste war. Das Mädchen war sein Augapfel und wurde von allen verwöhnt.

Kurz vor Carl Augusts Eintreffen in Russland war etwas Trauriges geschehen. Die alte Prinzessin von Oldenburg starb nach kurzer Krankheit. Der junge Mann, den sie so gerne als Schwiegersohn in ihre Familie hatte aufnehmen wollen, musste stattdessen an ihrer Bestattung teilnehmen. Nach der Trauerfeier umarmte Prinz Peter seinen zukünftigen Schwiegersohn und schluchzte, dass seine verstorbene Frau der Verbindung mit ihrer Tochter ihren Segen gegeben habe. Am selben Tag gab Theresa dem Erbgroßherzog ihr Jawort. Sophie war überglücklich, als diese Nachricht sie erreichte. Sie traf Vorbereitung für eine Hochzeitsfeier im nächsten Sommer. Liszt versprach, etwas für den Einzug des Brautpaars zu komponieren.

DER BRUCH

Im Frühjahr machten Charles und seine Verlobte eine Reise nach Italien. Seine Mutter steckte derweil viel Zeit in die Hochzeitsvorbereitungen. Nach all der kriegsbedingten Traurigkeit gab es in Weimar endlich wieder einen Anlass zum Feiern. Doch dann traf die traurige Nachricht ein, dass Prinzessin Amalia nach kurzer Krankheit auf Schloss Walferdingen in Luxemburg gestorben sei. Sophie musste sich in Trauerkleidung auf den Weg nach Den Haag machen, um ihrer Schwägerin die letzte Ehre zu erweisen. Wilhelm III. kam widerwillig aus Het Loo, um ebenfalls an der Trauerfeier teilzunehmen.

Als die Königin der Niederlande hörte, dass es Sophie gelungen war, für Carl August eine Ehe mit der russischen Prinzessin Theresa zu arrangieren, war sie entrüstet. Hemmungslos schrieb sie Lady Malet in all ihrer Wut und Eifersucht, die Großherzogin von Sachsen-Weimar sei auch da, in einem Wort sei sie abscheulich und röche schlecht aus dem Mund. Die kleine, fette Kugel ahme die Manieren ihrer Mutter nach, als sei diese aus dem Grab auferstanden, um sie zu quälen.

Am 17. Mai wurde Amalia in der Gruft der Orianer in der Neuen Kirche in Delft beigesetzt. Am selben Abend lud Sophie den Stellvertretenden Vorsitzenden Mackay zum Diner zu sich nach Buitenrust ein. Unter vier Augen besprachen sie die dringendsten politischen Probleme. Plötzlich traf ein beunruhigendes Telegramm aus Weimar ein. Die Braut hatte die bevorstehende Hochzeit ihres Sohnes, die am 28. August stattfinden sollte, vorerst auf unbestimmte Zeit verschoben. Die Großherzogin befürchtete einen Skandal und wollte sofort nach Hause zurückkehren. Schnell empfing sie noch das Diplomatenkorps und das Kabinett. Die Fürstin schien den Gesprächen nicht folgen zu können. Mackay vermerkte, sie habe ihre Zerstreutheit mit dem am selben Morgen empfangenen Brief von Prinzessin Theresa entschuldigt.

Eilig inspizierte sie noch ihre Ländereien, verhandelte den Kauf zusätzlicher Flächen und sprach mit einigen Ministern. Die wirren Briefe und Telegramme aus Weimar versprachen nichts Gutes. Am 23. Mai stand sie mit ihrem kleinen Gefolge im königlichen Wartesaal des Bahnhofs von Den Haag und wartete ungeduldig auf den Zug. Mackay leistete ihr Gesellschaft, um sie mit Zylinder in der Hand verabschieden zu können, und notierte, ihre königliche Hoheit reise in einem normalen Waggon und habe die Nutzung des königlichen Waggons verweigert. König Wilhelm III. zeigte sich mit einem Mal besorgt über seine geschockte Schwester. Mackay vermerkte, er habe ihr eine Decke angeboten, um die Reise angenehmer zu machen, und Fürstin Sophie sei mit Tränen in den Augen abgereist.

In Weimar traf sie auf ihren aufgelösten Ehemann. Dieser hatte eine Reihe Briefe der zukünftigen Schwiegertochter empfangen, aus denen hervorging, dass Theresa sich weigere, ihren Sohn zu heiraten. Sophie fuhr nach Soden, wo sich Theresa nach ihrer Italienreise aufhielt, um diese in strengem Ton auf ihre Pflichten der Dynastie gegenüber hinzuweisen. Sie rühmte die Qualitäten ihres einzigen Sohnes Charles, und ließ Theresa mit dem Gefühl zurück, deren Zweifel beseitigt zu haben. Doch der Schein trog.

Die Großherzogin kehrte auf ihr Schloss zurück, um die Organisation der bevorstehenden Hochzeit fortzusetzen. Die Gästeliste war gerade fertig, als ihr ein langer Brief vom Vater der Braut zugestellt wurde, geschrieben am 10. August in Scheveningen, wo dieser sich in einem luxuriösen Hotel aufhielt und sich bei einer Badekur erholte. Peter machte ihr deutlich, dass seine Tochter die Verlobung mit ihrem Sohn definitiv gelöst habe. In seinem larmoyanten Erguss versuchte der Fürst ihr zu vermitteln, wie sehr ihm das zu Herzen gehe.

Auch für Carl Alexander traf ein kurzes Schreiben ein, in dem Peter um Verständnis für die Entscheidung der Braut bat. Er schloss mit einem Zitat von Schiller: »Drum prüfe, wer sich ewig bindet, Ob sich das Herz zum Herzen findet!«

Sophies Antwort an ihren Großcousin füllte zahlreiche Bögen ihres gekrönten Briefpapiers: Das Mädchen habe das Ansehen und die Zukunft des Hauses Sachsen-Weimar-Eisenach ruiniert. In ihrer schrägen Handschrift, die im Laufe der Jahre immer unleserlicher wurde, wies sie ihren Großcousin mit messerscharfen Worten auf seine väterlichen Pflichten hin. Sie schrieb ihm, es sei ihr inmitten dieses Trümmerfeldes immerhin ein Trost, dass ihr Sohn sein Vertrauen nicht geschunden habe. Sie scheute selbst das Melodramatische nicht, als sie über die Korrektheit des Verhaltens ihres Sohnes schrieb, er werde eines Tages an einem Grab knien können, das nur wenige Monate zuvor geschlossen worden sei, und es mit einer Dornenkrone bedenken, die ihm im Tausch für den versprochenen Brautkranz geschickt worden sei.

Es dauerte eine ganze Weile, bis Sophie einsah, dass all ihre Wut und Argumente vergebens waren und Theresa ihre Meinung nicht ändern würde. Sie stand vor vollendeten Tatsachen: Ihr Sohn Charles, den sie mit blinder Mutterliebe bewunderte, hatte einen Korb eingefangen. In allen Salons von Sankt Petersburg bis Berlin und von Wien bis London würde über diese Blamage getratscht werden.

Der Großherzog war gekränkt. Er konnte keinerlei Verständnis für die Abweisung der Prinzessin aufbringen – und schon gar nicht für die rückgratlose Haltung ihres Vaters, der in seinen Briefen heulte und klagte, dem es jedoch ganz offensichtlich an Autorität fehlte, um seine Tochter in die Schranken zu weisen. Der gläubige Carl Alexander selbst schrieb das »Du sollst deinen Vater und deine Mutter ehren« des fünften Gebotes ganz besonders groß. Einträchtig in ihrer Ablehnung dieser schweren Beleidigung ahnten sie nicht, dass sie einst auf dieselbe Weise auf die Probe gestellt werden würden.

Erbgroßherzog Charles war anfangs fassungslos. Er fand Trost bei seiner Mutter, die die Zukunft im Visier hatte. Zusammen beschlossen sie, dass dies ein guter Moment sei, um seinen lang gehegten Jugendtraum zu verwirklichen: eine lange Reise zu machen. Fern von zu Hause würde er die schmerzliche Affäre schnell vergessen. Außerdem müsste er sich dann vorläufig nicht als abgewiesener Bräutigam in der Öffentlichkeit zeigen.

Im Herbst 1872 reiste Carl August zu einem Mittelmeerhafen und setzte nach Ägypten über. Und während ihr Sohn über den Nil schipperte, nahm Sophie erneut den Gothaischen Hofkalender zur Hand auf der Suche nach einer möglichen Braut. An eine Prinzessin russischer Herkunft brauchte sie nicht mehr zu denken.

EINE NEUE BRAUT

Auf ihrer eiligen Suche nach einer Braut für Carl August stieß Sophie auf den Namen von Pauline von Sachsen-Weimar-Eisenach. Das Mädchen war zwar zweite Wahl, erfüllte jedoch eine Reihe wichtiger Kriterien: Sie stammte aus einer vornehmen Familie, war protestantisch erzogen und hatte das richtige Alter. Ihr Vater, Herrmann von Sachsen-Weimar-Eisenach, war ein Sohn von Sophies verstorbenem Onkel Bernhard. Hermanns Uniform hatten glitzernde Abzeichen geziert, wie der Alexander-Newski-Orden, das Großkreuz des Hausordens vom Weißen Falken, der Sankt-Stephans-Orden und der Orden der Württembergischen Krone. 1851 hatte er Prinzessin Auguste, die jüngste Tochter aus dritter Ehe von König Wilhelm I. von Württemberg, geheiratet, die dafür bekannt war, dass sie ihren Mangel an Attraktivität durch Verstand wettzumachen wusste. Im Sommer 1852 war Pauline, ihr erstes Kind, zur Welt gekommen. Das Mädchen war inzwischen fast 21, kräftig, mit dunkelblondem Haar. Sie schien sich in jeder Gesellschaft zu Hause zu fühlen. Sophie kannte Herrmann so gut, dass sie nicht allzu viel zu erklären brauchte. Und Pauline schien eine gehorsame Tochter zu sein, die ihre Eltern nicht enttäuschte.

Im Frühjahr 1873 fuhren Carl Alexander und Sophie nach Wien, um dort die erste Weltausstellung auf deutschsprachigem Gebiet zu besuchen, die im Prater aufgebaut war. Sie wurde am 1. Mai von Kaiser Franz Joseph in Gesellschaft von Sisi eröffnet. Carl Alexander mischte sich unter all die gekrönten Häupter und besuchte interessiert die vielen Pavillons, die sieben Millionen Besucher aus aller Welt anziehen würden. Sophie hielt ungeduldig Ausschau nach ihrem Sohn. Er hatte in einem Brief versprochen, dass er auf der Rückreise von Konstantinopel nach Weimar einen Abstecher nach Wien machen würde. Dort würde er endlich mit seinen Eltern wiedervereint. Außerdem bot sich die Gelegenheit, Carl August offiziell Kaiser Franz Joseph, der Kaiserin und Kronprinz Rudolf vorzustellen.

Der Erbgroßherzog war durch seine zahlreichen Reiseerfahrungen gesprächiger geworden. Auf dem Weg nach Weimar schwärmte er von der Pracht der ägyptischen Pyramiden, der Moscheen und Paläste des Sultans in Konstantinopel. Sophie konnte ihrem Sohn die freudige Nachricht überbringen, dass sie eine neue Braut für ihn gefunden habe. Er müsse nur noch nach Stuttgart reisen und um ihre Hand anhalten, dann könne im Sommer Hochzeit gefeiert werden.

Der Erbgroßherzog tat, was seine Eltern von ihm erwarteten: Er verlobte sich mit Pauline von Sachsen-Weimar-Eisenach. Sofort begann die großherzogliche Familie mit den Hochzeitsvorbereitungen. Sophie traf im August in Friedrichshafen am nördlichen Ufer des Bodensees ein, wo die königliche Familie ihre Sommerresidenz hatte. Sie wurde von ihrem Großcousin Herrmann und seiner Frau herzlich empfangen, die das Glück von Prinzessin Pauline ohne zu zögern in die Hände ihres Sohnes legten. Die Eheschließung wurde in der barocken Schlosskapelle vorgenommen, und nach einer Reihe Empfänge, Bälle und Gartenfeste traten sie die Reise ins Großherzogtum an der Ilm an.

Am 6. September fand Paulines feierlicher Einzug als Erbgroßherzogin in Weimar statt. Im Schloss wurde ein großes Fest gegeben. Genau wie Sophie und Carl Alexander 31 Jahre zuvor, bezogen Charles und seine Gemahlin Pauline das erste Stockwerk des Schlosses. Sophie sah ihnen wehmütig dabei zu, wie sie zusammen spazieren gingen, tanzten und sich einander annäherten.

Im Herbst reiste sie mit Zitta und Elsy nach Heinrichau, wo viel Arbeit wartete. Im Oktober 1872 hatte Walther dem großherzoglichen Paar geschrieben, dass seine Mutter Ottilie gestorben sei. Carl Alexander antwortete mit einem Zitat von Goethe: »Das sind Übergänge von Übergängen zu Übergängen«. Beide Söhne klammerten sich an Erinnerungen und lebten weiterhin zusammen im Haus ihres Großvaters, das für die Außenwelt inzwischen schon seit über vierzig Jahren verschlossen war. Carl Alexander jedoch ging dort ein und aus.

ANDERSENS TOD UND ZITTAS GEHEIMNIS

Eines Tages erschütterte die Nachricht, dass in Dänemark Hans Christian Andersen schwer krank darniederliege, den Hof. Dem Großherzog ging auf, wie viel ihm sein alter Freund, den er seit zehn Jahren nicht mehr gesehen und dem er genauso lang nicht mehr geschrieben hatte, noch bedeutete. Sofort diktierte er ein Telegramm nach Kopenhagen. Als der Märchenautor seine Worte las, kamen all die schönen Erinnerungen an seinen Aufenthalt auf der Ettersburg wieder hoch. Er antwortete, es sei sein innigster Wunsch, dass es ihm vergönnt sein möge, Weimar gesund und wohl wiederzusehen und die großherzogliche Familie noch einmal zu sprechen.

Als Zitta hörte, dass ihr Vater einen Brief an Andersen schrieb, in dem er ihm die Grüße seiner Frau ausrichtete und über eine anstehende Reise nach Den Haag informierte, ließ sie ihn hinzufügen, wie gerne sie dem Dichter früher immer gelauscht habe, wenn dieser Geschichten erzählt oder Märchen vorgelesen habe.

Carl Alexander stellte es seinen Töchtern frei, einen Badeort für den Sommer zu wählen. Prinzessin Zitta begab sich am liebsten nach Blankenberge, wo sie über die Boulevards flanieren konnte. Immer öfter wurde sie dabei in Gesellschaft des 49-jährigen Prinzen Heinrich VII. Reuß zu Köstritz gesehen. Er reichte ihr den Arm, und sie vertieften sich sofort ins Gespräch.

Ein jeder konnte sehen, dass der verstockte Junggeselle die Gesellschaft der originellen und temperamentvollen Tochter des Großherzogs schätzte. Sophie entging nicht, dass Zitta an dem Mann aus dem Hause Reuß Gefallen fand. Vorsichtshalber hielt die Prinzessin ihre Gefühle noch ein Weilchen geheim, und auch ihre Schwester, die um die Romanze wusste, schwieg gehorsam.

Ihr Vater empfing einen letzten Brief des todkranken Andersen, in dem dieser den Wunsch ausdrückte, bald stark genug zu sein, um nach Weimar reisen zu können – doch er starb am 4. August 1875, ohne dass die Freunde sich noch einmal wiedergesehen hätten. Nachdem die Nachricht von seinem Tod Weimar erreichte, traf Sophie ihren Mann eines Tages tränenüberströmt an. Seine Verzweiflung rührte jedoch nicht nur von der Trauer um den Verlust seines Freundes Hans Christian Andersen her: Seine älteste Tochter hatte ihm gerade mitgeteilt, dass sie heiraten werde.

PRINZESSIN REUSS

Prinzessin Zitta war ihn ihrem Auftreten genauso unerschrocken wie ihre Mutter. Während sich ihre Mutter jedoch ein Leben lang den Gesetzen ihrer Dynastie unterwarf, hatte ihr Tochter sich schon früh Freiheiten ausbedungen und sich wenig um Ränge und Stände gekümmert. Ihrem Vater hatte sie einst per Feldpost geschrieben, sie verbringe die Vormittage an ihrer Staffelei. Charles Verlat hatte ein strenges Unterrichtspensum für sie vorgesehen: täglich drei Stunden zeichnen, außer dienstags und freitags, dann werde gemalt. Sie gab an, in ihrem Leben zwei Ziele zu haben: das Beste aus ihrer persönlichen Entwicklung und ihrer Künstlerkarriere herauszuholen. Ihre Finger waren fast immer schwarz von der Holzkohle.

Ihren ersten Heiratsantrag hatte Zitta mit 22 bekommen. Damals hatte Prinz Heinrich von Waldeck-Pyrmont um sie angehalten. Der junge Prinz des deutschen Fürstentums hatte bei seiner Aufwartung in Weimar keinen besonderen Eindruck gemacht, deshalb hatte sie ihn abgewiesen.

Am 20. Januar 1875 feierte sie ihren 26. Geburtstag. Nach ihrer Rückkehr aus der Sommerfrische an der belgischen Küste überraschte sie die gesamte Familie mit der Nachricht, sie habe die Liebe ihres Lebens gefunden und wolle heiraten. Eine starke Persönlichkeit, Intelligenz und Stil seien ihr wichtiger als alle Titel der Welt. Als sie seinen Namen nannte – Heinrich VII. Prinz Reuß zu Köstritz –, trat Stille ein.

Die Großherzogin sah ihrem Mann, der durch den Tod Hans Christian Andersens angeschlagen war, an, dass er vor Entsetzen einer Ohnmacht nahe war. Seine Tochter mit einem Prinzen, dessen Fürstentum der jüngeren Reußen-Linie auf der Karte des Kaiserreichs mit bloßem Auge kaum auszumachen war! Zudem mit seinen 49 Jahren nur ein Jahr jünger als die Großherzogin! Sophie fand ihn nicht standesgemäß. Ein Schwiegersohn, der seinen Lebensunterhalt als Botschafter des Kaisers verdiente, war inakzeptabel. Sowohl Zitta als auch ihre Mutter waren dickköpfig. Diese Meinungsverschiedenheit musste zu einem schweren Konflikt führen. Die Großherzogin überprüfte Reuß' Werdegang: Dieser hatte schon jung eine Diplomatenkarriere eingeschlagen und am Hof des Zaren in Sankt Petersburg angefangen. Dort wurde er von Otto von Bismarck ausgebildet. Als Bismarck im Dienst des Königs von Preußen nach Paris ging, folgte ihm Reuß als Gesandtschaftsrat. Am schillernden Hof Napoleons III. hatte

Die willensstarke Tochter Sophies:
Marie Alexandrine von Sachsen-Weimar-Eisenach, auch Zitta genannt

ihn Kaiserin Eugénie als *un beau et charmant causeur* (»einen schönen und charmanten Plauderer«) gepriesen.

Als Sophie später einmal mit ihren drei Kindern auf Sommerfrische in Biarritz war, hatte sie Reuß und Bismarck kennengelernt. Zitta war damals 15 gewesen. Anscheinend hatte der erwachsene Charmeur Eindruck auf sie gemacht. Derzeit war Reuß Gesandter des deutschen Kaisers in Konstantinopel. In der Türkei! Sophie konfrontierte ihren Mann mit diesen Tatsachen. Dieser hatte wegen der drohenden *Mesalliance*, die dem Haus Sachsen-Weimar-Eisenach Schande bereiten würde, schlaflose Nächte verbracht. Was würde sein Schwager Kaiser Wilhelm I. sagen, wenn er hörte, dass seine Nichte einen Botschafter heiraten wollte? Am 24. August vertraute er seinem Tagebuch an, dass es einen schweren inneren Kampf bedeute, inmitten all seiner Probleme die Beherrschung zu wahren. Sophie sah besorgt auf ihren Mann. Die Pläne seiner ältesten Tochter drohten ihn ins Grab zu bringen.

Die Familie Reuß hatte eine ärgerliche, komplizierte Namensgebungstradition. Als Kaiser Heinrich IV. 1122 die Urahnen zu Landherren oder Vögten erhoben hatte, versprachen sie ihm aus Dankbarkeit, jeden Jungen ihres Geschlechts fortan Heinrich zu nennen. Das führte in den kinderreichen Familien unwiderruflich zu Verwirrung. Um alle Heinriche einigermaßen auseinanderhalten zu können, gingen die Familienzweige dazu über, ihre Söhne zu nummerieren. Der ältere Zweig zählte seine Heinriche bis 100 und fing dann wieder bei eins an. Der jüngere fing jedes Jahrhundert wieder bei eins an. Zittas Liebster war Prinz Heinrich VII. des jüngeren Zweigs. Zu Hause hieß er »Septimus«, doch Zitta nannte in »Septi«.

Carl Alexander zwang sich dazu, die Wahl seiner Tochter zumindest zu erwägen. Am 9. September notierte er, seine Sorgen hätten sich erst in Trauer, später in Ärger gewandelt und fräßen ihn von innen auf, sodass er um Gottes Beistand bitte. Im September folgten Gespräche und ein emotionaler Briefwechsel mit Kaiser Wilhelm I. und Kaiserin Augusta. Als klar wurde, dass Zitta ihren Septi um nichts in der Welt aufgeben würde, wurde Zar Alexander II. informiert.

Jetzt war es für den Großherzog an der Zeit, diese schwierigen Neuigkeiten seinem besten Freund Walther mitzuteilen. Er sah sich gemüßigt, seinen zukünftigen Schwiegersohn so positiv wie möglich darzustellen. Am 11. Oktober schrieb er ihm aus Heinrichau, dessen guter Ruf in glänzenden Stellungen in schweren Zeiten beweise, dass er seine Gaben des Herzens und des Geistes zu nutzen wisse. Er zeichnete ein Bild des Strandlebens von Blankenberge, wo der »junge« Prinz und die Prinzessin beschlossen hätten, diesen Bund einzugehen, und wie die beiden sie bei ihrer Rückkehr mit dieser Neuigkeit überrumpelt hätten. Sie hätten sich außer Stande gesehen, den Prinzen, einen Reichsfürst und Glied eines regierenden Hauses und daher vollkommen ebenbürtig, zu missbilligen, wo sie ihn vorher toleriert hätten. Letzten Endes hätten sie ihren Segen gegeben.

Walther von Goethe durchschaute natürlich die eleganten Formulierungen seines Freundes und verstand nur zu gut, wie tief die Großherzogin und ihr Gemahl sich in ihrem aristokratischen Stolz gekränkt fühlten. Carl Alexander hatte allerdings auch gute Neuigkeiten in petto, die er sich bis zuletzt aufhob, ein Geheimnis, das er nur ihm allein anvertraue und das, auch genannt Zitta, noch wichtiger sei als diese Nachricht, wobei er durch Unterstreichung hervorhob, dass sie wirklich nur für ihn bestimmt sei. Er enthüllte, dass seine Schwiegertochter Pauline im nächsten Jahr ihr erstes Kind zur Welt bringen werde.

Und so fand am 6. Februar in Weimar die Trauung von Marie Alexandrine und Prinz Heinrich VII. Reuß statt. Prinzessin Elsy hatte mehrere Motetten für ihre Schwester komponiert, die in der Hofkirche mit einem Chor geprobt wurden. Die Großherzogin hatte ein Brautkleid für ihre Tochter anfertigen lassen und stellte ihr russische Familienjuwelen zur Verfügung. Sophies 50-jähriger Schwiegersohn hüllte sich am Hochzeitstag in seine preußische Generalsuniform und trug sein Großkreuz des Hausordens vom Weißen Falken. Nach der Zeremonie in der Hofkirche wurde ein Hochzeitsbankett ausgerichtet, bei dem Großherzogin Sophie, Prinzessin der Niederlande neben der Familie Reuß, die bei anderen Gelegenheiten am Ende der Tafel sitzen musste, Platz nahm. Der Großherzog saß an seinem gewohnten Stuhl am Kopfende des Tisches.

Einige Wochen später nahm man Abschied. Sophie musste sich von ihrem ältesten Kind trennen, das ein neues Leben begann. Zeichen- und Malutensilien im Gepäck trat Zitta mit ihrem Mann die Hochzeitsreise in den Süden an. Von dort fuhren sie nach Konstantinopel, so weit weg, dass sie vorläufig nur schriftlich Kontakt halten konnten. Für den Großherzog war es in Anbetracht der Tatsachen so am besten. Wie sollte er sich dazu aufraffen, das Haus eines Botschafters mit seinem fürstlichen Besuch zu beehren? Der Gedanke schreckte ihn dermaßen ab, dass er beschloss, vorübergehend gar keine Einladungen anzunehmen.

Bildnis des Herzogs Wilhelm Ernst von Sachsen-Weimar (1662-1728), Namenspate von Sophies Enkel

WILHELM ERNST

In den letzten warmen Maiwochen ließ die Großherzogin im Erdgeschoss des Schlosses einen Entbindungsraum für Pauline einrichten. Die leere Wiege mit der bestickten Bettwäsche und den dünnen Vorhängen weckte höchste Erwartungen. Als die Schwiegertochter am 10. Juni glücklicherweise einen gesunden Sohn gebar, war die Freude und Dankbarkeit unbeschreiblich.

Das Kind wurde nach Wilhelm Ernst von Sachsen-Weimar benannt. Das ovale Porträt dieses Herzogs hing in der Fürstengalerie des Schlosses und zeigte einen Mann mit einer riesigen Allongeperücke, der für seine Liebe zur Kunst bekannt gewesen war. Er war 45 Jahre an der Macht gewesen.

DAS MUSIKALISCHE HERZ DER WELT

Am Tag nach der Taufe des Stammhalters gab Franz Liszt ein Konzert für die Familie. Den Streit mit seiner Tochter Cosima hatte er zum Glück beigelegt. Sie war mit ihrem Mann einige Tage in Weimar zu Besuch gewesen und danach war Liszt zum Gegenbesuch nach Bayreuth aufgebrochen, um sein jüngstes Enkelkind Siegfried in die Arme schließen zu können.

Als das Oratorium *Christus* unter seiner Leitung in Weimar integral aufgeführt wurde, saßen Richard und Cosima mit der ältesten Enkelin in der ersten Reihe. Der 63-jährige Richard Wagner sah vitaler aus als sein Freund und Schwiegervater Liszt. Die asketische Figur des zwei Jahre älteren Liszt strahlte jedoch eine größere Anziehungskraft aus.

In Rom war Prinzessin Carolyne noch immer beunruhigt über die Künstler und Künstlerinnen, mit denen sich ihr geliebter Freund umgab. Wagner nannte sie »eine gewissenlose Egoistin und Gotteslästerin«, doch sie warnte weiterhin davor, dass seine Anbeterinnen darauf aus seien, ihn zu verführen. Diese Angst war nicht unbegründet: Eine Frau, die man auch *la bête noire* (»das schwarze Tier«) nannte, blieb so lange auf der Bank im Park vor Liszts Haus sitzen, bis er sie einließ.

Solange sich Liszt in Weimar aufhielt, sprudelte die Stadt über vor Musik. Eine Schülerin, Amy Fan, nannte sie »die musikalische Hauptstadt der Welt«: Direktoren von Konservatorien, Komponisten, Musiker und Aristokraten kämen von nah und fern. Als Liszt Weimar im Herbst 1876 verließ, um nach Bayreuth, Rom und Budapest zu reisen, entstand deshalb ein Vakuum. Allerdings wurde bis zu seiner Rückkehr an der *Hochschule für Musik* vorbildlich gelehrt, unter Leitung des Rektors und Hofkapellmeisters Carl Müllerhartung, der dadurch in weitem Umkreis zunehmend Berühmtheit erlangte.

Die Weimarer Kunstschule hingegen erlitt einen herben Verlust. Charles Verlat gab 1874 bekannt, dass er seine Position als Leiter abgebe. Er erfüllte sich einen lang gehegten Wunsch: eine Reise durch Nordafrika. In den vergangenen fünf Jahren war Verlat ein Stammgast am großherzoglichen Hof und bei Franz Liszt geworden. Dass sein international bekannter Name jetzt nicht mehr mit der Stadt verbunden sein würde, stimmte Carl Alexander traurig. Sophie ließ für den Porträtkünstler, der so viel zur Entwicklung der Talente ihrer Töchter beigetragen hatte, eine Holztruhe mit Intarsien

Leitete die Hochschule für Musik in Liszts Abwesenheit und gelangte so zu Ruhm: Carl Müllerhartung

anfertigen: In einem vergoldeten Medaillon war Michelangelo abgebildet und darüber zwei Figuren aus der Sixtinischen Kapelle mit dem Datum und den Worten FA BELLE LE ARTI / MA LA SAPIENZA LE TENDE IMMORTALI (»Die Künste machen die Dinge schön, aber die Weisheit macht sie unsterblich«).

Verlat blickte auf eine fruchtbare Periode seiner Karriere zurück, deren Höhepunkt das Porträt der Großherzogin Sophie war. Es gehörte nun für immer zur Ahnengalerie des großherzoglichen Schlosses.

Max Liebermann, einer von Verlats besten Schülern, hatte Weimar schon früher verlassen. Er malte in Paris, Barbizon und in den Niederlanden. Seine Themen fand er in Scheunen, Fabriken und auf Äckern. Die Abbildung des gemeinen Volks war eine Tendenz, die in der Malerei immer mehr Boden gewann. Künstler öffneten das Fenster zur Welt der armen Bürger, was die Fürsten und der Adel ungern sahen. Sollten sie etwa mit solchen armseligen Szenen ihre luxuriösen Salons dekorieren? Sophie jedoch nahm sich das Elend der Arbeiterklasse sehr zu Herzen. Ihr soziales Engagement war vorbildlich, hatte dauerhafte Auswirkungen und wurde überall nachgeahmt.

SOPHIES SOZIALES ENGAGEMENT IN WEIMAR UND HEINRICHAU

Sophie und ihre Töchter waren offen für gesellschaftliche Veränderungen. Die vorsichtige Emanzipation der Frau gehörte auch dazu. Die Großherzogin las mit Befriedigung, dass in ihrem Vaterland die erste Frau das Arztexamen erfolgreich abgelegt, eine Praxis eröffnet hatte und weiterstudierte, um zu promovieren.

Sophie weitete ihre Aktivitäten auf dem Gebiet der sozialen Fürsorge unermüdlich aus. Sie steckte viel Zeit in die Frauenvereine, damit diese nützlichere Arbeit für das Land verrichten könnten. Der Mangel an qualifizierten Krankenschwestern hatte sie im Krieg ständig geärgert. 1875 ergriff sie daher als Erste die Initiative und stiftete eine Schwesternschaft, in der protestantische Frauen und Mädchen für die häusliche Krankenpflege ausgebildet wurden. Dieses Projekt erwies sich als grenzüberschreitender Erfolg, sodass sie bald darauf hinarbeitete, die Schwesternschaft um ein Diakonissen-Schulgebäude und ein Krankenhaus zu erweitern.

Jeden Herbst verbrachte sie im abgelegenen Heinrichau in Schlesien, wo ihre soziale Arbeit Früchte zu tragen begann. Sie lud auch Walther mehrmals nach Heinrichau ein. Dieser war zwar körperlich zu schwach, um in den Arbeiterhütten mit anzupacken, doch mit seinem anonym erschienen Buch *Fährmann, hol über* gelang es ihm, die Lebensumstände der Familien anzuprangern. Das Buch wurde zwar kein Verkaufsschlager, doch über den Großherzog erreichte Walther trotzdem sein Ziel. Carl Alexander begann, sich vermehrt Gedanken über die gesellschaftliche Ungleichheit zu machen, und das wiederum hatte Einfluss auf seine Politik.

Walther bemerkte, dass die Großherzogin die Dinge in Schlesien gut anpackte. Die Armen fanden den Weg zu ihren Suppenküchen, wo sie gratis Essen bekamen. Sie stiftete ein Krankenhaus und eine protestantische Grundschule und stellte selbst den Kantor und die Lehrer ein. Für die Schwestern der evangelischen Gemeinde, die in der Krankenpflege arbeiteten und in der Schule Handarbeitsunterricht gaben, ließ sie eine Unterkunft einrichten. Im Erdgeschoss des Südflügels von Schloss Heinrichau ließ sie eine protestantische Kapelle einrichten und stellte einen geeigneten Hofprediger an, der die Gottesdienste halten sollte. Die Gemeindemitglieder brauchten dadurch nicht mehr jeden Sonntag ins sieben Kilometer entfernte Dorf zu gehen, wenn sie in die Kirche wollten. Auch die Katholiken vergaß sie nicht. Ihnen ließ Sophie in Posen sogar eine katholische Kirche bauen.

Manchmal reiste Carl Alexander der Großherzogin hinterher und verkündete bei seiner Abreise in Weimar selbstironisch, er fahre jetzt seine Frau besuchen. Der Großherzog nahm auf seinen vielen Reisen in den Süden an römisch-katholischen Messen teil und hatte sogar einen Kardinal zum Freund. Sophie selbst setzte nie einen Fuß über die Schwelle der katholischen Kirche in Posen. In ihrer lapidaren Art sagte sie hierzu einmal zu ihrer Hofdame, als sie an der Kirche vorbeikamen, sie müsse zwar Kirchen für ihre katholischen Untertanen bauen und das tue sie auch, hineingehen werde sie jedoch nur, wenn sie aus offiziellen Gründen dazu gezwungen wäre, denn sie sei eine Fürstin des Hauses Oranien und protestantischen Glaubens.

Zur Herrschaft Heinrichau gehörte neben weitläufigen Wäldern und Feldern auch 10 000 Hektar Ackerland, auf denen Futterrüben und Weizen angebaut wurden. Daneben hatte Sophie in den Distrikten Strehlen und Frankenstein im Kanton Breslau noch 24 Landgüter geerbt, die sie im Laufe der Zeit alle besuchte. Überall gab sie Empfehlungen zur Verbesserung der Lebensbedingungen. Hilfsbedürftige alte Menschen wurden in Spitälern versorgt, die sie einrichtete, und sie investierte einen großen Teil ihres Geldes in eine Brand- und Hagelkasse. Bei jedem Blitzeinschlag und jedem vernichtenden Sturm war man der geliebten Großherzogin dankbar.

Aus den Niederlanden erreichten Sophies Bruder, den 56-jährigen Witwer Prinz Heinrich, wenig aufmunternde Nachrichten, sodass er sich genötigt sah, über eine zweite Ehe nachzudenken. Bisher hatte er diesen Gedanken von sich gewiesen. Er hatte gehofft, der Kronprinz von Oranien werde seiner Ehepflicht nachkommen. Doch Wiwill hatte 1874 erklärt, er werde nur Gräfin Mathilde von Limburg-Stirum heiraten. Sonst bleibe er lieber ledig. Der König verbot seinem ältesten Sohn diese Ehe ausdrücklich. Wiwill fuhr daraufhin nach Paris und stürzte sich mit seinem Freund, Kronprinz Edward von England, ins Nachtleben. Die Skandalpresse benannte den Oranier-Prinz spaßeshalber um von *Prince Orange* in *Prince Citron* und ließ keine seiner pikanter Eskapaden unvermeldet.

Manchmal hielt er in seiner orangen Kutsche mitternächtliche Rennen mit dem britischen Kronprinzen auf den Champs Elysées ab. Wiwill ging auf die 40 zu und erklärte, nie wieder einen Fuß nach Den Haag setzen zu wollen.

Sophie war durch die Ehen ihrer beiden Kinder etwas milder geworden. Warum sollte der König seine Entscheidung nicht revidieren können? Bis die Oranier dahinterkamen, dass Wilhelm III. 20 Jahre zuvor ein intimes Verhältnis mit Mathildes Mutter hatte. Dann wäre Wiwill ein Halbbruder seiner Liebsten. Ein Schaudern lief durch die Familie: Blutschande war das Schlimmste, was Sophie sich vorstellen konnte.

Bei einem Besuch in Luxemburg besprach sie mit Heinrich eine mögliche Lösung. Der Prinz hegte die schwache Hoffnung, dass es ihrem Onkel Friedrich womöglich gelingen werde, den Kronprinzen in Paris dazu zu überreden, nach Hause zurückzukehren und sich den Wünschen seiner Eltern zu fügen. Doch die Mission misslang: Wiwill sagte voraus, dass die Niederlande sowieso eine Republik werden würden.

Seine Mutter wusste, dass er in Paris wegen seines erhöhten Alkoholkonsums verkam. Die an Wassersucht Leidende erleichterte ihr Herz bei Lady Malet. Sie schrieb, sie sei zutiefst betrübt über ihren ältesten Sohn und befürchte das Ende des renommierten Hauses Oranien. Auch sehe sie die bösartige Großherzogin von Weimar auf die Nachfolge lauern. Ihr zweiter Sohn Alexander hingegen sei vortrefflich, aber nicht an Frauen interessiert, sodass sie manchmal glaube, der Tod erschiene ihr die beste Lösung. Die Königin sah ihrem Ende ohne Bedauern entgegen. Die Skandale, für die ihr

Ehemann sorgte, ließen sie kalt. Schließlich war es Aufgabe seiner Minister, diese zu vertuschen.

Diese Aufgabe wurde immer unmöglicher, nachdem das *Journal des Débats* am 2. August 1875 veröffentlicht hatte, der König habe, während er sich inkognito in einem Hotel in Montreux aufgehalten habe, Probleme mit der Schweizer Polizei bekommen. Der Generalkonsul berichtete, der König bewohne Räumlichkeiten mit Blick auf den Genfer See, sodass täglich Dampfschiffe unter dem Balkon seiner Majestät vorbeiführen. Von diesen aus habe man wiederholt eine Person auf dem Balkon gesehen, die den bloßen Leib lediglich mit einer nachlässig zugeknöpften Redingote bedeckt habe.

Die Königin blieb bis an ihr Lebensende geistig klar. Sie bewunderte noch die archäologischen Fundstücke, die ihr Freund Heinrich Schliemann ihr schickte. Am 13. Mai schrieb sie Lady Malet noch eine scharfe Analyse der Kriegspolitik von Zar Alexander II: Sie glaube nicht, dass die Russen vorhätten, nach Europa vorzudringen, sondern eher Richtung Asien, weil sie ihre Vorherrschaft zurückerobern wollten.

Sie ließ sich in die königliche Residenz Huis ten Bosch bringen und verließ ihr Krankenbett nicht mehr. Als sie aus einem Schlaf erwachte, spürte sie, dass jemand an ihrem Bett stand. Sie schlug die Augen auf. Es war Wiwill, der aus Paris angereist war, um von seiner Mutter Abschied zu nehmen. König Wilhelm III. war nicht da, als die Königin am 2. Juni im Alter von nur 58 Jahren verstarb.

Die Großherzogin von Sachsen-Weimar-Eisenach und ihr Mann reisten in die Niederlande, um ihrer Schwägerin die letzte Ehre zu erweisen.

Sophie kam zu Ohren, dass die Königin als Braut aufgebahrt werden wollte, weil sie an ihren Hochzeitstag den letzten Atemzug getan hatte. Erst wollte der König nach dem Tod der Königin für Heer und Flotte jegliche Form der Trauer verbieten. Nur mit Mühe gelang es dem Kronprinzen, ihn von diesem Gedanken abzubringen. Er sah die Minister unter seiner Donnerstimme und den schrecklichen Verwünschungen, die über ihren Häuptern niedergingen, erzittern.

Sehr zu Sophies Erleichterung kam es in Delft zu keinen beschämenden Zwischenfällen. Minister Weitzel, der dem König während des gesamten Trauerzugs von Huis ten Bosch bis zur Neuen Kirche nicht von der Seite wich, schrieb hierüber, die Bestattung habe am 20. Juni stattgefunden, und was man auch behauptet oder was sich in seinem Inneren abgespielt habe, so habe er sich doch während der ganzen Feierlichkeit tadellos verhalten, und man habe sogar in einem Moment merken können, dass es ihm nahegegangen sei.

Leider war die Einkehr von kurzer Dauer. Sophie hatte die herablassende Haltung ihres Bruders zu dulden gelernt, auch wenn es ihrem Stolz viel abverlangte. Adelige Frauen gehörten für ihn in den Hintergrund. Sie stünden für ihn gesellschaftlich nur unwesentlich höher als Frauen einfacher Herkunft, schrieb Weitzel. Diese Einordnung versuchte er mit dem partiellen Wahnsinn des Königs, der sich in seinem übersteigerten Selbstwertgefühl ausdrücke, medizinisch zu erklären.

Nachdem der Kronprinz einmal mehr feststellen musste, dass eine Eheschließung mit Mathilde für seinen Vater indiskutabel blieb, kehrte er nach Paris zurück. Das bedeutete für Alexander einen doppelten Verlust. Beide Prinzen verfügten über einen gesunden Menschenverstand. Wiwill hatte heimlich vereinbart, dass Alexander im Falle des Todes oder des Abdankens Wilhelms III. den Thron besteigen solle. Weil dieser Prinz einsah, dass sein älterer Bruder keinerlei Interesse am königlichen Amt hatte, stimmte er zu. Er lebte zurückgezogen mit seinem Papagei und seinen Hunden in einem Haus am Kneuterdijk 6. Dort bereitete er sich mithilfe von Büchern hinter geschlossenen Vorhängen auf die schwere Aufgabe vor, die ihm womöglich bevorstand.

NACH KONSTANTINOPEL

Wie jedes Jahr kam die großherzogliche Familie am 24. Juni 1877 auf Schloss Dornburg zusammen, um Carl Alexanders Geburtstag zu feiern. Das Barockschloss am Rand der Schlucht hatte einen prächtigen Rosengarten, der in voller Blüte stand. Der Salon mit Blick über das Saaletal war reichlich mit Delfter Porzellan aus Sophies Heimat dekoriert. Abends scharte man sich um die ovale Tafel und aß von Tellern in Delfter Blau beim Schein der Kerzen in den Kerzenständern und Kronleuchtern in Delfter Blau. Die Wände des Treppenhauses waren mit Fliesen in Delfter Blau mit Blumen, Tieren und Landschaften verkleidet.

Vor den Toren dieses friedlichen Ortes stand alles im Zeichen des nahenden Krieges. Der Panslawismus aus der Zeit Katharinas der Großen lebte wieder auf, auch in der Zarenfamilie. Die nationalistischen Anhänger eiferten für einen Bund der slawischen Staaten, der von Russland geführt werden und Konstantinopel als Hauptstadt haben sollte.

Das Rokokoschloss, Teil des Ensembles Dornburger Schlösser, deren Anlagen ab 1824 durch Gärten verbunden wurden

Der Russisch-Osmanische Krieg stellte für Sophie eine Quelle der Unruhe dar. Wenn die Kriegsgewalt die Stadt am Bosporus erreichte, wäre Zitta in Gefahr. Die Aggressionen gegen das Osmanische Reich kamen nicht von Zar Alexander II. persönlich. Doch Sophies Cousin konnte sich dem Ruf seiner Untertanen, die von der frommen Zarin Unterstützung erhielten, nicht widersetzen.

Am 24. April 1877 erklärte Russland dem Osmanischen Reich den Krieg. Ein Teil des großen, schlecht organisierten Heeres rückte unter dem Kommando des Großfürsten Michael Richtung Kaukasus vor. Der Zar selbst zog mit seinen Truppen im Sommer über die Donau und begab sich auf bulgarisches Gebiet. Sophie las die Zeitungen mit zunehmenden Grausen. In einer einzigen Schlacht waren 25 000 russische Soldaten gefallen. Das Ansehen ihres Cousins nahm dadurch schweren Schaden. Im Handumdrehen kehrte man sich gegen ihn. Vergessen waren die großen Taten Alexanders II. 1861 hatte er Millionen Menschen befreit, indem er die Leibeigenschaft beendet hatte. Seine Reformen auf den Gebieten des Hochschul- und Schulunterrichts und der Krankenpflege verbesserten die Lebensumstände so vieler Menschen, dass man, wenn er durch die Dörfer ritt, den Schweif seines Pferdes geküsst hatte. Jetzt wurde derselbe Zar von seinen eigenen Adligen und seinem Volk gehasst und bedroht.

Carl Alexander zog sich mit seinem Adjutanten auf die Wartburg zurück, fern der Gewalt auf dem Balkan. Dort konnte er sich ganz den schönen Künsten und der Natur widmen. Er erhielt Briefe von seiner Tochter aus Konstantinopel. Zitta hatte im Vorjahr einen Sohn bei der Geburt verloren. Im Winter berichtete sie ihren Eltern, dass sie erneut schwanger sei.

Diesmal würde Sophie keine fremden Ärzte am Bett ihrer Tochter dulden. Sie nahm sich vor, Zitta bei der nächsten Entbindung selbst zu helfen, auch wenn das bedeutete, dass sie auf den Balkan reisen musste. Ihren Mann ließ sie im Großherzogtum zurück. Da ein Ende des Krieges zwischen Russland und dem Osmanischen Reich noch nicht in Sicht war, machten die abenteuerlichen Pläne seiner Frau den Großherzog nervös. Die russischen Truppen näherten sich Edirne, das nur 60 Meilen von Konstantinopel entfernt lag.

Königin Victoria sah ihre Macht im Mittelmeerraum bedroht. Sie schickte Alexander II. ein Telegramm, in dem sie ihm befahl, den Krieg gegen das Osmanische Reich sofort zu beenden. Sie drohte ihrem Minister Disraeli sogar damit abzudanken, wenn keine Maßnahmen gegen Russland in die Wege geleitet würden. *Oh! If the Queen were a man* (»Oh! Wenn die Königin bloß ein Mann wäre«), lauteten die berühmt gewordenen Worte. Nur zu gerne hätte sie die schrecklichen, wortbrüchigen Russen höchstpersönlich bestraft.

Die Eroberung von Konstantinopel, das eine reiche und heilige Kriegsbeute darstellte, war in greifbare Nähe gerückt. Doch Alexander II. schreckte vor einem bewaffneten Konflikt mit Großbritannien zurück. Außerdem waren seine Soldaten erschöpft, aufgescheucht und enttäuscht von der massiven Gegenwehr der Osmanen.

Sophie verstand nur zu gut, dass unter diesen Umständen eine Reise an den Bosporus gefährlich war. Als enge Verwandte der Romanows war sie einem noch größeren Risiko ausgesetzt. Trotzdem dachte sie gar nicht daran, sich von ihrem Plan abbringen zu lassen. Sie wählte eine Route und machte sich mit Pässen und Visa in der Tasche auf den Weg. Nur von einem kleinen Gefolge begleitet reiste sie in der eisigen Jahreszeit nach Wien und dann quer durch Bulgarien. In den kriegsgebeutelten Balkanländern war der Boden blutgetränkt. Abgebrannte Kirchen und Moscheen säumten den Wegesrand. Die russischen Truppen standen inzwischen so kurz vor Konstantinopel, dass dort in den Straßen Panik ausbrach. Sophie hatte allerdings einzig das Wiedersehen mit ihrer Tochter im Sinn. Als sie die Stadt am Goldenen Horn unversehrt erreichte, wurde sie von der Prinzessin Reuß freudig empfangen.

Prinz Reuß hatte im Februar 187 die neue Botschaft des Deutschen Kaiserreichs eingeweiht. Sie war in einem großen, modernen Gebäude untergebracht, das hoch auf dem Beyoğlu, dem Hügel zwischen Bosporus und Goldenem Horn, lag. Die Ecken des Dachrandes zierten riesige preußische Adler aus Metall. Landeinwärts lag der Ort, an dem sich seit Jahrhunderten die Handelswege zwischen Zentralasien und dem Schwarzen Meer und zwischen Persien und dem Mittelmeer kreuzten.

Zur großen allgemeinen Freude schlossen die kriegführenden Parteien am 3. März 1878 Frieden. Jetzt konnte Sophie der exotischen Umgebung, in der sie sich befand, mehr Aufmerksamkeit widmen. Mehrmals am Tag erklangen von den Minaretten Stimmen, die zum Gebet riefen. Unweit ihrer Unterkunft erhob sich die majestätische Kuppel der Hagia Sophia, der Kirche der heiligen Weisheit, ihre russisch-orthodoxe Namenspatronin. Als die Türken im 15. Jahrhundert das Reich eroberten, hatten sie aus der Kirche eine Moschee gemacht, sodass ihre Kuppel seitdem kein Kreuz mehr zierte, sondern ein Halbmond.

DIE GEBURT HEINRICHS XXXII.

Am 4. März brachte Zitta mit der Hilfe ihrer Mutter einen gesunden Sohn zur Welt. In der protestantischen Kirche von Konstantinopel wurde er auf den Namen Heinrich XXXII. getauft. Im Kreise der Familie wurde er Heino genannt.

Da es Zitta und dem Baby gut ging, konnte Sophie jetzt ihrer Neugier nachgeben und die Stadt auskundschaften. Vor der Botschaft stand eine Sänfte bereit, die von zwei Dienern mit Turban getragen wurde. So entdeckte sie das Luxusviertel Pera mit seinen Läden und dem Bazar. Im Atelier der Abdullah Frères ließ sie sich zweimal in einem neuen Kleid fotografieren. Der Fotograf platzierte sein hochrangiges Modell neben einem Diwan mit vergoldeten Verzierungen vor einem Hintergrund mit orientalischen Säulen. Ihre kurze Schleppe drapierte er auf einem türkischen Teppich.

Erfüllt von all den neuen Eindrücken bereitete Sophie sich auf die lange Rückreise in die westliche Welt vor. Ihre Anwesenheit war in Weimar dringend erwünscht, denn im April stand die Geburt von Prinzessin Paulines zweitem Kind bevor, und auch diese wollte sie gerne persönlich begleiten. Der Abschied fiel ihr weniger schwer, weil sie erfahren hatte, dass der befreundete Reichskanzler Bismarck sich bei Kaiser Wilhelm I. dafür einsetzen wollte, dass Heinrich VII. in die Wiener Botschaft versetzt würde. Dann würden Zitta und ihre Familie näher bei ihren Eltern wohnen. Sophie kam gerade rechtzeitig in Weimar an, um am 18. April bei der Geburt ihres Enkels, der den Namen Bernhard Carl erhielt, dabei zu sein. Das großherzogliche Paar hatte jetzt schon drei Enkel, die das Fortbestehen des Hauses Wettin garantierten. Sophie sprach mit ihren drei Enkeln zudem Niederländisch, da sich abzeichnete, dass in ihrer Heimat eine königliche Aufgabe auf sie warten könnte.

WILHELM III. UND SEIN HEIRATSANTRAG

Aus Den Haag erreichten Sophie beunruhigende Neuigkeiten: Ihr königlicher Bruder wollte ein zweites Mal heiraten, und zwar die Opernsängerin Émilie Ambre, die laut Minister Weitzel die Zahl ihrer verflossenen Liebhaber nur mit Mühe zu nennen wüsste. Ihre Glanzrolle war die der *Carmen* in der gleichnamigen Oper. Der König verlieh ihr den Titel Gräfin Ambroise. Nach einem knappen Jahr der Leidenschaft erwischte der König sie allerdings mit einem anderen Mann. Wutschnaubend verwies er seine Geliebte des Landes. Die Gräfin Ambroise ging nach Frankreich mit Diamanten im Wert von einer Million, einem Haus in Paris und einem Schloss in Meudon. Ihre Romanze mit dem alten König brauchte sie nicht zu bereuen.

Wilhelm III. verbrachte einen düsteren Winter auf Schloss Het Loo. Im Frühjahr 1878 beschloss der 61-jährige Fürst, auf die Suche nach einer jungen Gemahlin zu gehen, die es wert wäre, die niederländische Königinnenkrone zu tragen. Da fiel ihm seine junge Nichte Elisabeth in Weimar ein. Sofort stand sein Entschluss fest. Er hörte, dass Sophie und ihr Mann im Sommer ihr silbernes Amtsjubiläum begehen würden. Wilhelm III. war zu den Feierlichkeiten nicht eingeladen. Doch daran störte er sich nicht.

Am 7. Juli um zehn Uhr morgens fuhr die Lokomotive mit dem fürstlichen Waggon Wilhelms III. der Niederlande im Weimarer Bahnhof ein. Begleitet wurde der König von seinem Kabinettchef und Privatsekretär Graf Dumonceau. Unterwegs hatte Wilhelm III. sich mit der Zigarre im Mundwinkel herablassend über die Falschheit seiner Schwester geäußert und seinen Schwager einen Zirkusartisten genannt. Dumonceau sah, wie steif die Großherzogin und ihr Gemahl sowie deren Gefolge sie am Bahnsteig willkommen hießen. Mit kerzengeradem Rücken wartete Sophie auf den Moment, in dem sie ihren Bruder förmlich begrüßen würde.

Der viel größere Carl Alexander war angespannt. Am 2. Juni war in Berlin ein Anschlag auf Wilhelm I. verübt worden. Der 81-jährige Kaiser hatte in einer offenen Kutsche gesessen, als ein Mann eine Kugel auf ihn abfeuerte. Wider Erwarten überlebte er seine Verwundung und war noch stark genug, um deutlich zu machen, dass er nicht vorhatte, seinem liberalen Sohn Fritz den Thron zu überlassen. Bismarck beschuldigte die

Wilhelm III., König der Niederlande, hielt um die Hand seiner Nichte Elsy an, die diesen jedoch »zutiefst abstoßend« fand und ablehnte.

Sozialdemokraten dieses Attentats. Seit der Reichskanzler seinen Kulturkampf führte, hatte er die Sympathien des Großherzogs verloren. Carl Alexander befürchtete, dass die heftigen politischen Zwistigkeiten seiner preußischen Gäste die Feierlaune in Weimar verderben könnte.

Prinzessin Elisabeth stand neben ihrem Vater am Bahnsteig, um den hohen Gast zu empfangen. Im Februar war sie 24 geworden. Als Kind hatte sie sich immer versteckt, wenn ihr Onkel Wilhelm sich am Hof in Den Haag zeigte. Inzwischen konnte bei Elsy von Angst und Verlegenheit keine Rede mehr sein.

Bei der Begrüßung schloss der König seine Schwester unerwartet in die Arme und drückte sie an sich. Sein Privatsekretär notierte, das habe zur Folge gehabt, dass die Fürstin mit entblößten Beinen in der Luft gezappelt habe und ihr Hut ihr in den Nacken gerutscht sei, schrieb der Privatsekretär. Er drückte sein Bedauern darüber aus, dass die Fürstin sehr unangenehm berührt gewesen sei, nachdem man sie so dem Spott bloßgestellt hatte.

Auf dem Stadtschloss wimmelte es von fürstlichen Gästen. Wilhelm III. hatte vor allem Augen für seine Nichte Elsy. Sie hatte ziemlich kleine Augen in einem runden Gesicht und ähnelte ihrer Schwester sehr. Gleich zu Beginn der Feierlichkeiten überrumpelte er Sophie mit dem wahren Grund für seinen Besuch. Sophie war euphorisch. Wenn ihre Tochter ihm ihre Hand schenkte, würden sich die Sorgen um die Dynastie in Luft auflösen. Dann würde ihre Tochter Königin der Niederlande. Doch sie durfte die Neuigkeit noch nicht weitererzählen.

Graf Dumonceau sorgte brieflich dafür, dass seine Frau über die Feier des silbernen Regierungsjubiläums bestens Bescheid wusste. Er wurde dem Thronfolger Carl August vorgestellt, der ein Patenkind König Wilhelms III. war. Er fand ihn ziemlich merkwürdig, weil er abgehackt spreche und deshalb nicht sehr intelligent wirke. Er scheine jedoch gebildet zu sein und sei sehr freundlich gewesen. Zwischen all den geladenen Gästen fiel vor allem die Gestalt des ehrwürdigen weißhaarigen Abbé Franz Liszt in seiner schwarzen Soutane auf. Der berühmte Komponist verkörperte den kulturellen Ruhm Weimars.

Liszt fühlte sich fehl am Platz: Viele Herren aus Berlin hegten unter dem Einfluss von Bismarcks Kulturkampf einen so großen Hass auf die katholische Geistlichkeit, dass sie sich nicht einmal bemühten, ihren Spott über seinen schwarzen Rock zu verbergen.

Der König sei die ganze Zeit bester Laune gewesen und habe nicht daran gezweifelt, als Ehemann akzeptiert zu werden, schrieb Dumonceau. Die Festlichkeiten zogen sich durch den ganzen Monat Juni bis zum 34. Geburtstag von Charles, dem Erbgroßherzog, der auf Schloss Belvedere mit einem Ball und Souper für 60 Gäste gefeiert wurde. Dort machte der König Elsy offiziell einen Heiratsantrag. Das verlief nicht wie erhofft. Elsys Haltung änderte sich schlagartig. Sie flüchtete in ihr Zimmer, und ihre Eltern mussten sich sehr zurückhalten, um ihren Ärger zu verbergen. Dumonceau sagten sie, die Entscheidung liege bei der Prinzessin, doch diese habe sich noch nicht ausgesprochen.

Die Herren befürchteten einen Wutausbruch des Königs, der einen Korb zu bekommen drohte, doch Wilhelms III. Stimmung änderte sich merkwürdigerweise nicht. Großherzogin Sophie blieb äußerlich ruhig, doch in ihrem Inneren tobte ein Sturm. Sie hatte immer gehofft, eins ihrer Kinder werde einen Thron besteigen. Zitta und Carl August hatten sie in dieser

Hinsicht enttäuscht. Jetzt war die Krone in greifbare Nähe gerückt. Mit der klugen Elsy als Königin der Niederlande an der Seite Wilhelms III. wäre die Monarchie der Oranier gerettet.

Carl Alexander rief seine Tochter streng zur Ordnung. Im Laufe des emotionalen Streits warf die Prinzessin ihren Eltern weinend vor, sie hätten ihr versprochen, dass sie einst ihren Ehemann selbst werde wählen dürfen, und jetzt setzten sie sie unter Druck, damit sie ihren fast dreißig Jahre älteren Onkel, der seine besten Jahre hinter sich hatte, heirate. Sie stellten die Interessen des Hauses Oranien-Nassau über das Glück ihres Kindes. Sophie wollte jedoch kein Nein akzeptieren. Mehr als einen Kompromiss konnte sie allerdings nicht abringen: Die Prinzessin würde den König um Bedenkzeit bitten. Ihre Mutter hatte vor, ihn und sein Gefolge so lange hinzuhalten, bis sie Elsy von deren Pflichten der Dynastie gegenüber überzeugt hätte.

Inzwischen fing Dumonceau ein Gespräch zwischen dem König und Prinz Herrmann von Sachsen-Weimar auf, in dem der König aufmerksam den Lobgesängen über die drei unverheirateten Prinzessinnen lauschte, den Töchtern des Prinzen von Waldeck-Pyrmont. Wilhelm III. habe sehr interessiert gewirkt.

Nachdem der König sich am nächsten Morgen von seiner Schwester und seinem Schwager verabschiedet hatte, war er bester Laune. Sein Zug brachte ihn auf direktem Wege durch die grünen Hügel von Thüringen zum Schloss Arolsen, auf dem die Familie Waldeck-Pyrmont residierte. Während Wilhelm III. schon gar nicht mehr an Elsy dachte und sich auf die drei unverheirateten Prinzessinnen freute, nahm sich Großherzogin Sophie ihre Tochter zur Brust. Stundenlang redete sie auf diese ein, duldete keinen Widerspruch und sagte schließlich, dass sie Anfang August eine definitive Antwort erwarte.

ELSYS WIDERSTAND

Carl Alexander hielt es nie lange an einem Ort aus. Er verließ mit seinem Adjutanten Schloss Belvedere. Der Großherzog hoffte, in Kürze Elsys Ja-Wort zu bekommen, ging er doch davon aus, dass diese den Wunsch ihrer Eltern respektieren würde. Prinzessin Elisabeth verbrachte ratlose Tage und Nächte.

Am 9. August schrieb sie ihrem Vater, sie habe alles noch einmal mit ihrer Mutter besprochen, gemeinsam mit ihr die Argumente abgewogen und sei zu dem Entschluss gekommen, dass sie es nicht über sich brächte, jemanden zum Mann zu nehmen, den sie zutiefst abstoßend finde. Der Brief ließ an Deutlichkeit nichts zu wünschen übrig und war ein Schlag ins Gesicht des Großherzogs. Er wollte den Inhalt nicht akzeptieren und verlangte von seiner Tochter, sie möge die Eheschließung doch ein letztes Mal in Erwägung ziehen. Wenn sie zustimme, werde sie Königin der Niederlande und voraussichtlich Mutter der Erbprinzen und -prinzessinnen der Oranier. Sie könne in den Den Haager Schlössern wohnen und im Sommer nach Het Loo oder Soestdijk fahren, wo sie sich immer gerne aufgehalten habe. Sie müsse nur dem Fürsten, dem Bruder ihrer eigenen lieben Mutter ihr Ja-Wort geben. Elsy, die krank war vor Angst und Zweifel, antwortete ihm am 11. August: Sie habe bereits am Vortag antworten wollen, doch ihr sei zu übel gewesen. Sie befinde sich in der schmerzlichsten Situation, die man sich nur vorstellen könne. Zu gerne würde sie ihren Eltern den Gefallen tun, das Angebot anzunehmen, doch alles in ihr kehre sich gegen diesen Mann.

Die Entscheidung wurde Elsy letztendlich abgenommen. Wilhelm III. war am 28. Juli zum Besuch auf Schloss Arolsen eingetroffen. Dort hatte er die Mutter, Fürstin Helena, geborene Prinzessin von Nassau kennengelernt und ihre Töchter Helena, Pauline sowie die jüngste: Prinzessin Emma.

PRINZESSIN EMMA UND WILHELM III.

Prinzessin Emma war eine Tochter, die es ihren Eltern recht machen wollte, indem sie sich opferte. Ihr Lebensmotto wurde: »Das Wichtigste ist nicht, glücklich zu werden, sondern glücklich zu machen.« Darüber hinaus war sie sehr ehrgeizig und aktiv. König Wilhelm III. blieb bis zum 2. August bei ihr und versprach ihr beim Abschied, im September wiederzukommen. Dumonceau zufolge hatte er bereits kurz nach seiner Ankunft um Emmas Hand angehalten, und sie hatte ihm ihr Ja-Wort gegeben.

Dumonceau erhielt den Auftrag, diese Neuigkeit der Großherzogin in Weimar zu verkünden. Er befürchtete, dass sie beleidigt sein könnte, weil der König eine andere Braut gewählt hatte. Erstaunt berichtete er, das Gegenteil sei der Fall gewesen. Sie habe ihn außergewöhnlich freundlich empfangen und unter anderem betont, dass mit dieser Eheschließung die Ehrbarkeit unter das Dach des Königs zurückkehren werde. Erst nach diesen prophetischen Worten ging ihm auf, dass die Großherzogin in ihrer Weisheit das Positive an dieser Ehe sah: Ihr Bruder fände sein Glück und ihre Tochter Elsy würde von einem unbequemen Dilemma erlöst. Im Herbst fuhr sie nach Schlesien, während Carl Alexander mit Elsy an den Atlantik nach Biarritz reiste, wo sich ihre Beziehung erholte. Sophie gesellte sich später zu ihnen. Erst als es zu kalt wurde, um im brüllenden Meereswind spazieren zu gehen, kehrte die großherzogliche Familie nach Weimar zurück.

Bei ihrer Heimkehr trafen sie den 60-jährigen Walther und den 58-jährigen Wolfgang von Goethe wie alte Einsiedler in ihrer Mansardenwohnung an. Die kränklichen Brüder waren in jenem Jahr noch nicht einmal in der Lage, die Feiertage im Dezember unterm Weihnachtsbaum mit der großherzoglichen Familie zu begehen. Carl Alexander sandte ihnen Geschenke, Plätzchen und ein kleines Gedicht.

Am 7. Januar 1879 nahmen sie auf Schloss Arolsen an der Hochzeitsfeier von Emma von Waldeck-Pyrmont und König Wilhelm III. teil. Dessen Söhne, Kronprinz Wiwill und Prinz Alexander, blieben der Hochzeit ihres Vaters fern. Alexander hatte geschworen, seine Stiefmutter Emma, die sieben Jahre jünger war als er, niemals zu begrüßen. Auf Dumonceaus langer Gästeliste standen auch die Namen von Prinz Heinrich von Oranien-Nassau und Marie von Preußen, die im August 1878 geheiratet hatten.

König Wilhelm III. der Niederlande mit seiner Gemahlin Emma aus dem Geschlecht Waldeck-Pyrmont, die ihren Eltern zuliebe den Antrag annahm

Dumonceau war von der Prinzessin, die er als besonders anmutig erwähnt, sehr angetan. Allerdings musste das Paar absagen, weil der Statthalter von Luxemburg krank zu Bette lag.

EIN BETRÄCHTLICHES ERBE

Bei Eintreffen des Brautpaars im Schloss Het Loo hörte König Wilhelm III., dass sein Bruder Heinrich am 13. Januar um Mitternacht an einer Gehirnblutung gestorben war. Alle Feierlichkeiten wurden abgesagt, und die neue Königin Emma musste ihre schöne Garderobe gegen Trauerkleidung eintauschen. Schwarz verschleiert kam sie in der Hauptstadt an. Der Empfang war kühl. Man fragte sich, wieso sie nicht den Kronprinzen geheiratet hatte, der vom Alter her so viel besser zu ihr passte als der alte, verlebte König.

Prinz Heinrichs Witwe schien kaum fähig wahrzunehmen, was um sie herum geschah. Marie von Preußen hatte keine fünf Monate zuvor in Schloss Sanssouci in Potsdam geheiratet. Bei der Testamentseröffnung stellte sich heraus, dass sie von Heinrich nichts erbte. Er hinterließ so gut wie alle seine Besitztümer sowie die Verantwortung für die wohltätigen Einrichtungen seiner Schwester Sophie. Das bedeutete, dass die Großherzogin jetzt auch noch für das von ihrem Bruder gestiftete Heim für pensionierte Seeleute, den Verein zur Verbesserung der Wohnungssituation der Arbeiterklasse in Den Haag und zahlreiche weitere Wohltätigkeitsvereine Sorge tragen musste.

Die 24-jährige Witwe Marie fragte sich, wie sie ihren Lebensunterhalt fortan bestreiten sollte. Sophie setzte sich für ihre Schwägerin ein und drang bei ihrem Ehemann darauf, die glücklose Prinzessin finanziell zu unterstützen. Zu ihrer Enttäuschung ließ sich Carl Alexander jedoch nicht dazu überreden. Er hatte Baupläne im Kopf. Zusammen mit seinem Flügeladjutanten Aimé von Palézieux-Falconnet beabsichtigte er, am Karlsplatz eine permanente Ausstellung für Kunst und Gewerbe zu eröffnen, für die er ein Gebäude im Stile eines venezianischen Palazzo bauen lassen wollte. Er fand, dass Maries Familie in Preußen für sie sorgen müsse.

Da man sie in Weimar und auf den schlesischen Landgütern nicht länger missen konnte, stellte Sophie in Den Haag einen Bevollmächtigten an, der den Nachlass ihres Bruders abwickeln sollte. Heinrich hatte sein beträchtliches Erbe von Anna Pawlowna und Wilhelm II. geschickt zu investieren verstanden, und seine Schwester erbte nicht nur all seine Anteile an der Reederei Stoomvaart Maatschappij Zeeland, sondern auch der Reederei Koninklijke Paketvaart Maatschappij, die die Verbindung nach Niederländisch-Indien unterhielt, der Niederländisch-Indischen Handelsbank

(Nederlands-Indische Handelsbank) und einiger Industrieunternehmen, die Prinz Heinrich mitgegründet hatte. Ihr bereits ansehnliches Vermögen wuchs hierdurch enorm an.

Die Großherzogin nahm eine Hofdame aus Den Haag in Dienst, die allseits als Fräulein von Renesse bekannt war. Fortan war sie für Sophies umfangreichen Juwelenschatz zuständig, koordinierte das Kofferpacken und sorgte dafür, dass es der Großherzogin auf der Rückreise an nichts fehlte.

Vom Großherzogtum aus persönlich ihre niederländischen Besitztümer im Auge zu behalten, erwies sich als unmöglich. Deshalb stellte Sophie ihren Sekretär und Schatzmeister A. W. Vinkhuyzen als Intendanten ihrer Domänen in den Niederlanden an, zu denen Buitenrust und Rustenburg, Houtrust und Valkenbosch gehörten. Vinkhuyzen wählte Haus Sorghvliet als Dienstwohnung. Sie selbst behielt das angrenzende Buitenrust am Scheveningseweg.

Mittlerweile war Mathilde von Limburg-Stirum schon 25 und gab ihre Hoffnung auf eine Ehe mit dem Kronprinzen auf. Sie zog ihr Hochzeitsversprechen zurück. Das Gerücht des Inzests erschien am Horizont. Doch Wiwill war von diesem Tag an verloren. Er zog sich für immer nach Paris zurück, umgab sich mit Mätressen und verkam. Im Juni 1879 wurde er tot in seinen Räumlichkeiten an der Rue Auber angetroffen. Der Arzt konstatierte als Todesursache eine Lungenentzündung, die dem durch einen schweren Leberschaden geschwächten Körper den Rest gegeben hatte. Sophie fuhr nicht zu seiner Beerdigung in Delft. Königin Emma ließ einen Strauß aus weißen Rosen, Nelken und Orangenblüten auf den Sarg ihres Stiefsohns legen. Sie hatte ihn nie persönlich kennengelernt.

WIEDERAUFNAHME DER BAUARBEITEN

Sophie arbeitete von früh bis spät, um sich von der Angst um die Zukunft ihrer Dynastie nicht überwältigen zu lassen. Das Sophienstift, das sie 1854 gegründet hatte, erwies sich als voller Erfolg. Für die wachsende Schülerinnenzahl wurden die bescheidenen Räumlichkeiten des früheren Bertuchhauses zu klein. Deshalb ließ sie von Karl Vent hinter dem Hoftheater ein großzügig geschnittenes Schulgebäude errichten nach dem modischen Vorbild eines Renaissance-Palazzos. Die Töchter höherer Stände genossen dort eine vorzügliche Ausbildung. In einem zweiten Schulgebäude in der Nähe des Sophienstifts war ein Jungengymnasium untergebracht. Die Großherzogin kümmerte sich auch um die Einstellung der Lehrkräfte.

Gleichzeitig verfolgte sie die Entwicklungen in den Niederlanden. Der Eröffnungssitzung der Generalstaaten blieb Kronprinz Alexander fern. Die Zeitungen reagierten zutiefst enttäuscht, und der Kronprinz tat etwas noch nie zuvor Dagewesenes: Er schrieb zu seiner Verteidigung einen langen, klugen Artikel in der Zeitung. Die Reaktionen waren zahlreich. Es bildeten sich Gruppen der Befürworter und der Gegner Alexanders, doch dieser verbarg sich in seinem Haus am Kneuterdijk. Er beschäftigte sich mit seinen Manuskripten, seiner Schmetterlingssammlung und seinen Büchern. Sein einziger Gesprächspartner war ein Papagei.

UNERWARTETE SCHWANGERSCHAFT

Als Carl Alexander von einer Frankreichreise zurückkehrte, besprachen Sophie und er die Lage in den Niederlanden. Wenn dem Kronprinzen etwas zustieße, wäre Sophie als letztes Kind König Wilhelms II. und Anna Pawlownas Thronfolgerin. Ihr Sohn würde den Thron von Sachsen-Weimar-Eisenach erben. Charles hatte ihnen schon zwei gesunde Enkelkinder geschenkt. Und abgesehen von diesen Kindern, rechnete Sophie sich aus, waren da auch noch die Kinder von Zitta und dem Prinzen Reuß, die für die Thronfolge in Frage kämen. Zitta brachte in jenem Jahr ihren zweiten Sohn, Heinrich XXXIII. zur Welt, den sie Henry nannten. Wahrscheinlich würde ihre noch unverheiratete Tochter Elsy in der Zukunft für noch mehr Söhne sorgen.

Carl Alexander und Sophie sahen das Ansehen der großherzoglichen Familie schon zunehmen. Nur ein Ereignis konnte noch verhindern, dass Sophie oder einer ihrer Nachkommen den niederländischen Thron besteigen würden: wenn Königin Emma Mutter würde. Doch wegen des Zustands ihres ältesten Bruders nach all den Jahren des Lotterlebens schätzte Sophie diese Chance verschwindend gering ein. Bis sie Anfang 1880 Gerüchte aus Den Haag erreichten. Im März wurden sie offiziell vom Hof bestätigt: Königin Emma war in anderen Umständen.

In dem von Sophie gegründeten Mädchenlyzeum ist heute eine Realschule untergebracht.

PRINZESSIN WILHELMINA

In einem glühend heißen Sommer nahte Ende August 1880 die Geburt des Königskinds. Am Montagabend, dem 30. August setzten die Wehen ein, und ab diesem Moment wich Wilhelm III. Emma nicht mehr von der Seite. Erst um sechs Uhr abends des nächsten Tages brachte Königin Emma ihr Kind zur Welt: Es war ein Mädchen. König Wilhelm III. war so glücklich darüber, dass die Entbindung gut verlaufen war, dass er keinerlei Enttäuschung zeigte. Einige Zeitungen hingegen bedauerten öffentlich, dass das Königskind ein Mädchen war. Doch die meisten jubelten. Mutter und Kind waren wohlauf. Und eine Frau könnte womöglich genauso gut regieren wie ein Mann. Königin Victoria war hierfür das leuchtende Vorbild. Alles war besser als ein unbekannter deutscher Prinz als Nachfolger der Oranier auf dem niederländischen Thron.

Die Tauffeierlichkeiten wurden verschoben, bis Emma wieder auf den Beinen war. Sie bestand darauf, ihre Tochter selbst zum Taufbecken zu tragen, was in fürstlichen Kreisen sehr ungebräuchlich war. Ihre Tochter sollte auch nicht wie ihre Vorgänger und Vorgängerinnen in der Klosterkirche getauft werden, sondern in der Wilhelmskirche (Willemskerk), Wilhelms II. früherer Reithalle.

Bei der Taufe am 12. Oktober 1880 waren Sophie und Carl Alexander anwesend. Die Königstochter erhielt den Namen Wilhelmina Helena Pauline Maria. Der alte König nannte sie zeitlebens Wimy. Dank des Lächelns der Königin und der kleinen Prinzessin begann man, die Monarchie mit anderen Augen zu sehen.

SOPHIES EVANGELISCHES KRANKENHAUS

Nach ihrer Rückkehr nach Weimar arbeite Sophie weiter an der Vollendung ihres evangelischen Krankenhauses, das in der Junkerstraße Gestalt annahm. Das Büro der Diakonissen, die seit der Gründung ihrer Sophienhausschwesternschaft Heimpflege anboten, befand sich in einem beengten Mietshaus. Nach zehnjähriger Tätigkeit wurde es Zeit für andere Räumlichkeiten. Unter Sophies beseelter Führung war die Kranken- und Armenpflege ausgebaut wurden. In diesem neuen Mutterhaus sollten sie Wohnraum finden, Unterrichtsräume, große Krankensäle und hygienische Betten. In den Gesprächen mit dem Architekten Franz Bormann beschloss man, das Gebäude im Neorenaissance-Stil zu erbauen. Er ließ roten Backstein verwenden, den er mit Naturstein abwechselte. Sophie brachte sich bei der Einteilung bis ins kleinste Detail ein: Im Keller wollte sie Wirtschaftsräume, im Obergeschoss die Räume der Leitung, der Oberin, des Hausmeisters, des Arztes sowie den Gemeinschaftsraum der Schwestern. Auch eine Apotheke sollte hier eingerichtet werden. Im ersten und zweiten Stock befanden sich an der Ostseite Krankensäle und an der Westseite die Schwesternzimmer.

Das gesamte Interieur atmete Schlichtheit und Funktionalität, doch den Eingang der Kapelle ließ die Großherzogin mit sieben Terrakotta-Tondos dekorieren, auf denen die Wohltaten der Heiligen Elisabeth von Thüringen abgebildet waren. Die Patienten mit ansteckenden Krankheiten sollten in einem getrennten Gebäude aufgenommen werden, in dem für 40 Betten Platz sein sollte. Den Desinfektionsofen sollte die ganze Bevölkerung nutzen dürfen. Die Dienstuniformen sollten adrett und funktional sein. Die Diakonissen trugen einen weißen, gesteiften Kragen mit einer schwarzen Schleife unterm Kinn, ein silbernes orthodoxes Kreuz auf der Brust und eine dunkle, gestärkte Schürze über dem grauen Kleid. Sophie kommandierte das kleine Pflegerinnenheer mit der Strenge eines Generals und erwartete strikten Gehorsam.

Wenn sie an Königin Emma und die kleine Prinzessin Wilhelmina dachte, hegte sie keine Eifersuchtsgefühle. Schon beim ersten Zusammentreffen mit der jungen Fürstin war ihr diese sympathisch gewesen. Sie sah in ihr eine junge, starke und intelligente Frau, die unter allen Umständen ihre Würde zu wahren wusste. Wilhelmina verkörperte Sophies Zukunftshoffnung. Durch ihre Geburt waren viele Zweifel und die ganze Last von ihr abgefallen.

DAS NAHENDE ENDE

Sophie war es gewöhnt, früh aufzustehen. Dann lag bereits ein Stapel Post auf ihrem Schreibtisch, den sie mithilfe ihres Sekretärs James Marshall junior beantwortete. Zu festgelegten Zeiten machte sie einen Rundgang durchs Schloss, um sich über alles zu informieren. Ihr Personal klagte gelegentlich, sie gebe sich zu viel mit Kleinigkeiten ab. Es könne kein Fenster eingebaut, keine Tür gestrichen werden ohne ihr Einverständnis, und sie feilsche um jeden Preis.

Wenn der Großherzog nicht auf Reisen war, nahm Sophie das Mittagessen mit ihm ein. An einem Tag im April 1885 erhielten sie von Vulpius, einem Leipziger Arzt, ein Telegramm, in dem er ihnen mitteilte, sein Patient Walther von Goethe liege in einem Hotelzimmer darnieder und sei so geschwächt, dass er nicht in der Lage sei, die Heimfahrt anzutreten. Der Großherzog und seine Frau bereiteten sich auf das Schlimmste vor. Seit Walthers Bruder Wolfgang im Januar 1883 verstorben war, gelang es Walther nicht, seine Trauer zu verwinden. Geplagt von Asthmaanfällen verbrachte er die Monate nach dessen Tod in seiner Mansardenwohnung am Frauenplan. Die Hofdame Adelheid von Schorn schaffte es jedoch, in das kleine Apartment vorzudringen: Sie habe den Letzten, der den Namen Goethe trage, noch einmal sehen wollen. Das Zimmer sei dermaßen mit Büchern vollgestopft gewesen, dass nur ein einziger Besucherstuhl frei gewesen sei. Walter habe matt und zusammengesunken in seinem Rohrstuhl am Ofen gesessen und sei gut und liebenswürdig wie immer gewesen. Sein feines, weiches, schüchternes Wesen habe sie gerührt.

Walthers alter Freund Carl Alexander besuchte seinen »Blaubart« seitdem öfter. Bei diesen Gelegenheiten versuchte er vorsichtig, diesen auf das Erbe seines Großvaters anzusprechen. Er brachte sogar einen Repräsentanten des deutschen Kaisers mit, der ihn zu überzeugen versuchte, das Haus, die Sammlungen und das literarische Erbe dem Kaiserreich zu schenken, weil nur dann gewährleistet sei, dass verantwortungsbewusst damit umgegangen werde. Walther, der sehr unter dem Verlust seines Bruders litt, hörte zwar zu, gab jedoch keine Antwort.

Sophie hatte bei gemeinsamen Spaziergängen im Gebirge bei Eisenach und in Schlesien oft ein offenes Ohr für ihn gehabt. Hinter den Klostermauern von Heinrichau, wo er die Stille mit seiner pfeifenden Atmung

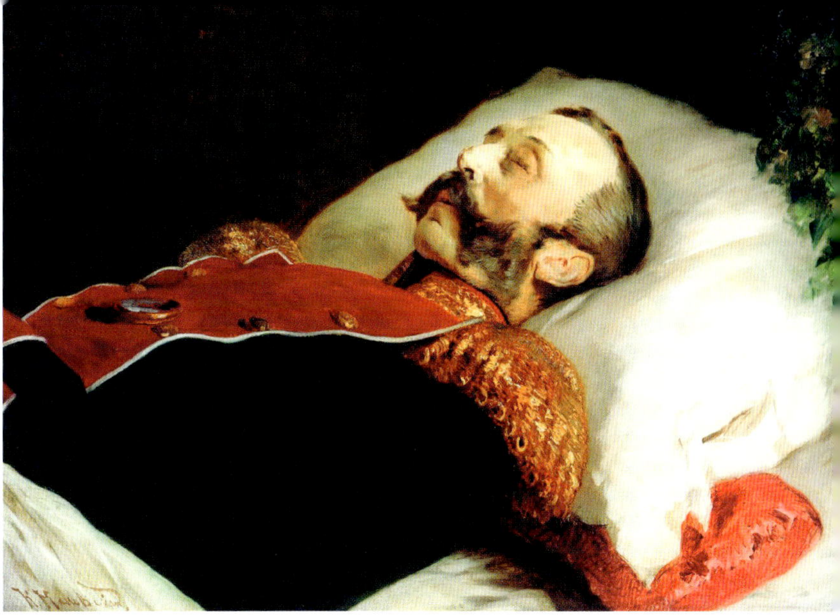

Von einer Bombe der sozialrevolutionären Geheimgesellschaft Narodnaja Wolja ermordet: Zar Alexander II., Kaiser von Rußland, auf dem Totenbett, Ölgemälde von Konstantin Jegorowitsch Makowski

füllte, nahm sie sich auch jetzt Zeit für seine Fragen. Sie wusste, dass sich ein Entschluss herauskristallisierte. Walther hatte sich nicht von der Zukunft abgewandt, doch er würde bis zu seinem Tod darüber schweigen. Sophie war es gewöhnt, ihre Gedanken auf Spaziergängen zu sortieren. Auch jetzt ging sie, gefolgt von Fräulein von Renesse und ihren Hunden, über die Sternbrücke zum Park an der Ilm. Walthers Lebensende warf seine Schatten voraus. Alle Todesbotschaften von Familie und Freunden der vergangenen Zeit fielen ihr wieder ein.

Am schwersten hatte sie der Tod ihres Cousins Zar Alexander II. geschockt, der im März 1881 nach sechs vereitelten Attentaten durch die Bombe einer nihilistischen Verschwörergruppe ums Leben gekommen war. Die Bombe schlug ein Loch in das Vertrauen der Zarenfamilie in ihren göttlichen Schutz. Mit großer Zuneigung dachte sie an ihren alten Onkel und Berater Prinz Friedrich, der in Wassenaar gestorben war. Ihm hatten die Den Haager Freimaurer im September 1882 mit einer schlichten Zeremonie das letzte Geleit gegeben.

Mit Sorge betrachtete die Großherzogin die Gesundheit des alten und gebrechlichen Franz Liszt. 1883 war sein Schwiegersohn und Freund

Richard Wagner in Venedig einem Herzinfarkt erlegen. Im Gartenhaus spielte Liszt gedankenversunken Wagners *La lugubre gondola*.

Der Tod von Kronprinz Alexander 1884 veränderte Sophies Leben. Ihr erst 32-jähriger Neffe starb am längsten Tag des Jahres in seiner Wohnung am Voorhout an Typhus. Sein Vater, der sich mit Königin Emma und Prinzessin Wilhelmina in einem deutschen Kurort aufhielt, befand es nicht für nötig, sofort die Rückreise anzutreten. Bis sein glückloser Sohn endlich in der Familiengruft beigesetzt werden konnte, verging ein Monat, weil seine Familie erst dann wieder nach Den Haag zurückkehrte. Weil Wilhelm III. wegen großer Schmerzen das Bett hüten musste, kam die Regierung zusammen, um über die Zukunft zu beratschlagen. Im August 1884 wurde ein Beschluss der zwei Kammern der Generalstaaten über Königin Emmas Regentschaft angenommen.

Der Tod des Kronprinzen bedeutete, dass Sophie als seine Tante Thronfolgerin der Niederlande wurde. Sie würde ein Königreich erben, das um ein Vielfaches größer war als das Großherzogtum Weimar, und ihre hohe Position erfüllte Carl Alexander mit Ehrfurcht vor seiner Frau. Abends dinierten sie für gewöhnlich zusammen. Die Stimmung war gedrückt. Als erneut ein Telegramm aus Leipzig eintraf, wussten beide, was das bedeutete. Am nächsten Tag vermerkte Carl Alexander in seinem Tagebuch, er habe abends eine Depesche von Vulpius erhalten, in dem dieser ihn über das Ableben seines lieben und ausgezeichneten Freundes Walther in Kenntnis gesetzt habe.

WALTHERS TESTAMENT

Am nächsten Tag verkündete Carl Alexander seiner Frau, er lasse Goethes Haus am Frauenplan versiegeln, damit sich niemand anders das Erbe von Goethe unter den Nagel reißen könne. Beide dachten an das Testament. Und an den Gesandten des Kaisers, der danach heute fragen würde. Ihre Töchter Zitta und Elsy kamen nach Weimar, um ihren Eltern zu kondolieren. Es herrschte eine seltsame Spannung bei Hofe. Die Beerdigung von Goethes letztem Nachkommen fand am Samstag, dem 18. April statt. Am Friedhof hatte sich eine große Menschenmenge versammelt. Den Zylinder in der Hand versuchten die Herren, ihre Neugier zu verbergen. Was verrieten die Gesichter des großherzoglichen Paares über den Nachlass von unschätzbarem Wert? In der Kapelle wurde schön gesungen. Oberkirchenrat Dr. Hesse hielt eine Trauerrede: »Was sichtbar ist, das ist zeitlich, was aber unsichtbar ist, das ist ewig.«

Walther von Goethe fand seinen letzten Ruheplatz bei seiner Mutter Ottilie und seinem Bruder Wolfgang. Die sterblichen Überreste seiner Schwester Alma sollten ebenfalls vom Wiener Friedhof überführt werden.

Als der Notar wenige Tage später Walther von Goethes Testament eröffnete, war die Luft zum Schneiden. In Anwesenheit des großherzoglichen Paares und eines Staatsvertreters begann der Notar, das Testament zu verlesen. Carl Alexander hatte gelernt, sich seine Gefühle nicht anmerken zu lassen. Am Vortag war ihm eine Kopie des Testaments zugestellt worden. Der Großherzog und seine Frau kannten den Inhalt. Sophie saß kerzengerade neben ihrem Mann, und nur wer ganz genau schaute, konnte in ihren mit den Jahren immer schmaler gewordenen Augen den Funken ihrer Autorität sehen. Sie fühlte die Gier der Anwesenden. Der König von Preußen, der deutsche Bundesstaat, der König von Bayern und viele andere hatten sich jahrelang vergeblich um den profitablen Nachlass bemüht.

Der Notar begann, die Pflichtangaben, Daten, Namen, Ort quälend genau zu verlesen. Dann atmete er tief durch und las den ersten Absatz: »Ich ernenne das Groszherzogtum Sachsen (den Staat) zum Erben des aus dem Nachlasz meines seligen Groszvaters, des Geheimrats Johann Wolfgang von Goethe herrührende, in der Stadt Weimar gelegenen Immobiliarbesitz. Der genannte Erbe erhält daher: das Wohnhaus (eigentlich Goethehaus) nebst Garten, Nr. 1219 …« Während manche Anwesende Erleichterung verspürten, fuhr er fort: »Der genannte Erbe erhält weiter die ebenfalls aus dem Nachlasse meines Groszvaters herrührenden, im Goethehaus verwahrten Sammlungen von Bildern, Medaillen, Mineralien, Kunstwerken aller Art usw., ebenso alles, was in dem von meinem Groszvaters benutzten Vorzimmer, Studienstube und Schlafzimmer sich befindet.« Im dritten Absatz ging Walther genauer auf die genannten beweglichen und unbeweglichen Güter ein. »Den in den vorstehenden beiden Paragraphen erwähnten Besitz stelle ich unter die direkte Oberaufsicht Sr. Königlichen Hoheit des Groszherzogs, indem ich alle bezüglichen speziellen Bestimmungen und Anordnungen in Höchstdesselben fürsorgende Hand lege.«

Das Archiv war noch immer nicht erwähnt worden. Walther gab in Paragraf 4 erst an, dass er den gesamten in den ersten drei Absätzen genannten Besitz in einer Stiftung unterbringen wollte und 10 000 Taler seines Kapitals für die Instandhaltung des Goethehauses zur Verfügung stellte. In seiner Liebe für die großherzogliche Familie hatte er wirklich an alles gedacht. Er nannte das kleine Gartenhaus an der Ilm. Dieses vermachte er dem »Groszherzoglichen Krongut als Spielplatz für die Kinder der fürstlichen Häuser Sachsen-Weimar und Reuss.« Dann kam der Notar zum Familienarchiv inklusive »seines wissenschaftlichen, poetischen, literarischen, administrativen und familiären Inhalts«. Ungläubig vernahmen die Anwesenden, dass diese großen Schätze Großherzogin Sophie persönlich vererbt wurden. Einer Frau.

Niemand hielt mit seiner Reaktion hinterm Berg. Es kam ein leises, missbilligendes Murmeln auf, als der Notar in Walthers Namen fortfuhr: »Möge Ihre Königliche Hoheit diesen Nachlassen als Zeichen meines tiefsten Glaubens an Ihren segensreichen Einsatz für diese mir heilige Sache annehmen.« Die Großherzogin erhob sich. Sofort fiel Stille. Sie sprach die Worte, die sie sich schon einen Tag lang zurechtgelegt hatte: »Ich habe geerbt, Deutschland und die Welt sollen mit mir erben.«

DAS HAUS AM FRAUENPLAN

Sie hatte das Gefühl, dass sie keine Zeit verlieren durfte. Sie war 61 Jahre alt. Den Rest ihres Lebens würde sie Goethes Nachlass widmen. Was sie bisher aus ihrem Kapital den Bedürftigen geschenkt hatte, war vergänglich. Es diente den Lebenden, und das hatte keine dauerhaftere Wirkung als ein bisschen Dankbarkeit. Mit dem Tod des Betroffenen starb auch diese. Goethes Werk hingegen war immaterieller Art. Es wies einen Weg der Schönheit, des Wissens und der Weisheit. Darin überstieg es seine Zeit und würde noch weltweit Früchte abwerfen, wenn sie selbst schon lange nicht mehr wäre.

Sophie erhielt den Schlüssel des Hauses am Frauenplan. Die Siegel wurden gebrochen. Sie trat ein und stieg die breite Holztreppe hinauf, gefolgt von Fräulein von Renesse, die sie beauftragt hatte, ein Paar weiße Baumwollhandschuhe mitzunehmen. Würdevoll trat sie über die Schwelle und las Goethes Gruß: *Salve*. Sie ging in sein Wohnzimmer, in dem der ovale Esstisch stand mit dem leeren Stuhl am Kopfende. Entlang der Wände voller Kupferstiche. Am Gipsabguss des hässlichen Kopfes der Medusa mit den Schlangenhaaren vorbei. An der Vitrine, der Majolikasammlung, den Ölgemälden und Kabinetten vorbei ging sie von Raum zu Raum. Durch ein halbes Jahrhundert der Stille. An der Gartenseite des Hauses angekommen erreichte sie im Erdgeschoss den Zugang zu Goethes Arbeitszimmer, das sie als zehnjähriges Mädchen einmal betreten hatte. Sie zog an der Kordel der grünen Leinenvorhänge und öffnete den Blick auf den Garten. Das Sonnenlicht fiel herein. Ehrfurchtsvoll betrachtete sie die einfache, funktionale Einrichtung. Walther hatte dafür gesorgt, dass seit dem Tod seines Großvaters alles am selben Platz geblieben war. Doch der Zahn der Zeit hatte auch hier genagt: Der Globus war verstaubt, die Gänsefeder klebte am Boden des Tintenfasses fest, und das Wasser in der Glaskugel, in der Goethe zum Entzücken seiner Enkelkinder Regenbogenfarben erscheinen lassen konnte, war verdunstet.

An der Wand hingen drei Kinderporträts: Walther, Wolfgang, Alma. Sie waren sein Ein und Alles gewesen. Walther und »Wölfchen« waren in blauen Matrosenanzügen mit weißem Kragen gemalt, zwölf und zehn Jahre alt. Ein Gast erinnerte sich an den Stolz in Goethes Blick, wenn sein Enkel, der ein tüchtiger Musiker zu werden versprach, hereingekommen sei. Goethe habe in ihm seine Zukunft gesehen und sich immer gefreut, wenn er ihn Gästen habe vorstellen können.

Sophie ging zu den mit Manuskripten gefüllten Fächern in Goethes Stehpult hinüber, das am Fenster stand, und zog einen Stapel Gedichte hervor. Sie bat ihre Hofdame um die Handschuhe. Sophie setzte ihre Brille auf und las den Titel des obersten Manuskripts: *Götz von Berlichingen*. Das Theaterstück über den Ritter mit der eisernen Hand bestand aus vielen Szenen. Sie machte sich Notizen in einem Büchlein und vertiefte sich in ihre Arbeit. Mittags lagen vier Stapel auf dem Tisch: ein Theaterstück, Romane, Gedichte, Briefe. Im Arbeitszimmer und den angrenzenden Räumen knisterte das Papier. Bald würde der Großherzog andere Menschen hereinlassen. Alles musste so schnell wie möglich in Sicherheit gebracht werden. Sie gab Fräulein von Renesse den Auftrag, mehrere Wäschekörbe vom Wäschespeicher des großherzoglichen Schlosses holen zu lassen. Durch das fast leere Dienstbotenzimmer lief sie ins Schlafzimmer, in dem Goethes Bett stand, das mit einer glattgezogenen Tagesdecke abgedeckt war. Im danebenstehenden Lehnstuhl war er am 22. März 1832 verstorben. Es war ein Datum, dass sich ihr eingeprägt hatte.

Sie inspizierte das ganze Haus bis zum Dachboden, in dem sich der Großteil der Manuskripte befinden sollte. Hier lagen stapelweise Dokumente, verschnürt mit Kordeln und verschossenen Bändern, ein Wissensschatz der Natur, Philosophie, Kunst und aller anderen Gebiete, mit denen sich das Genie im Laufe seines reichen Lebens befasst hatte. Ihre Aufgabe war zu groß für die Jahre, die ihr noch blieben. Doch sie würde sichten, die richtigen Personen finden, die nach Themen sortieren würden, damit alles verfügbar würde und der Wissenschaft in Zukunft würde dienen können. Als sie die schmale Treppe hinabgegangen war, stand sie in Walthers Mansardenwohnung. Auf einem niedrigen Schränkchen fand sie eine Mappe mit der Aufschrift *Künstler-Leben, -Treiben und -Träumen. Aus losen Blättern zusammengefasst von Walther von Goethe*. Sie las: »Biographisches, zu meinen musikalischen Leiden und Freuden gehörig; enthält Briefe von Loewe und seiner Familie; sowie von anderen musikalischen und künstlerischen Dingen Bericht und Kunde«. Ein wenig verschämt nahm sie ein vergilbtes Programm seiner ersten Oper in die Hand, fand getrocknete Rosen eines Premierenstraußes. Glückwunschschreiben. Ausgeschnittene Kritiken, die seine Illusionen zunichte gemacht hatten. Und in einem kleinen Stapel mit Liedern, die sorgfältig datiert waren, las sie: »*Der Rat zum Liebchen* und *Die Träne* mit Klavierbegleitung«. Eine vergilbte Visitenkarte fiel heraus. Sie war von Robert Schumann.

Im Hausgarten pflanzten Goethe und seine Frau Christiane Gemüse und Beeren an; der vor dem Arbeitszimmer wachsende Wein stammt noch aus jener Zeit.

Seitdem begab sich die Großherzogin jeden Morgen sehr früh zum Frauenplan, um zu arbeiten. Sie überprüfte den Inhalt der Wäschekörbe, die ihr Knechte in die bereitstehenden Wagen hievten. Die Literaturfuhren waren ordentlich verpackt und etikettiert. Als sie die Tragödie *Egmont* in den Händen hielt, sinnierte sie darüber, wie seltsam es war, dass Goethe, der so viele große Niederländer bewundert hatte, wie Wilhelm von Oranien, Erasmus, Spinoza, Rembrandt und den dort ansässigen Linnaeus, ihr Vaterland nie bereist hatte.

Mit Pferd und Wagen zogen die Literaturschätze ins großherzogliche Schloss um, wo sie in einem eigenen Raum im rechten Seitenflügel gestapelt wurden. Doch Sophie war noch nicht beruhigt. 1774 hatte ein Brand in der damaligen Wilhelmsburg um sich gegriffen. Auch jetzt würde eine Unvorsichtigkeit der Bedienten ausreichen, um das Schloss und seinen unersetzlichen Inhalt in Schutt und Asche zu legen.

Carl Alexander hatte sich mittlerweile auch in Goethes Haus umgesehen. Als kleiner Junge hatte er oft mit Walther in allen Zimmern, dem Keller und dem Kutschenhaus gespielt. Er dachte, das Haus wie seine Westentasche zu kennen, doch jetzt hatte er eine Tür entdeckt, hinter der sich ein ihm unbekannter Raum verbergen musste, der an Goethes Arbeitszimmer grenzte. Er fand den passenden Schlüssel und betrat zum ersten Mal in seinem Leben die Bibliothek mit konservativ geschätzt 5000 Titeln. Mit deutschen, griechischen, lateinischen, englischen, französischen, italienischen, spanischen, portugiesischen, tschechischen, litauischen, polnischen, russischen, serbischen, orientalischen und indischen Werken bot sich ihm hier ein Querschnitt der Weltliteratur.

Nervös und traurig aufgrund der jüngsten Geschehnisse suchte er einige Tage Zuflucht in seinem mittelalterlichen Arbeitszimmer auf der Wartburg, wo er am 27. April Fanny Lewald sein Herz ausschüttete: Er beklage den Verlust seines treuen Freundes, der ihm durch seinen Seelenadel und seine Bildung ein so liebenswürdiger Umgang gewesen sei. Mit dem Vermächtnis an ihn und seine Frau habe er seiner Anhänglichkeit den wahrsten Stempel aufgedrückt. Er erbat sich Gottes Führung bei der Erfüllung dieser neuen, auf die gesamte gebildete Welt gerichteten Pflichten.

Im Deutschen Kaiserreich und weiter darüber hinaus reagierte man in konservativen Kreisen mit gemischten Gefühlen auf den Inhalt von Walthers Testament. Die meisten missbilligten, dass Goethes letzter Enkel die Literaturschätze seines Großvaters in die Hände einer Frau gelegt hatte. Das sei eine Beleidigung der Männer im Allgemeinen und ihres Ehemanns im Besonderen. Der Großherzog habe zwar Goethes Haus und seine Sammlungen geerbt, doch eigentlich stehe er mit leeren Händen da und seine sowieso schon reiche Frau erhalte ein unermessliches Vermögen. Wie würde sie damit umgehen? Carl Alexander dachte darüber ganz anders. Nach kurzer Zeit war er sogar zutiefst beeindruckt: Walther hatte weise gehandelt, indem er allen irdischen Besitz von den intellektuellen Reichtümern getrennt hatte. Darin lag der ultimative Schutz gegen den Missbrauch des literarischen Erbes.

Der Großherzog fühlte sich schon seit Wochen nicht gut und schöpfte Kraft aus dem tatkräftigen Auftreten seiner Frau. Diese lud Fachleute zu sich in den Blauen Salon, um sich mit ihnen zu beraten. Mit dem einen sprach sie über die Farbenlehre, mit einem anderen über Bergbau, die Metamorphose der Blumen und Pflanzen, und wieder ein anderer legte die medizinischen Werke von Goethe nebeneinander, in denen sich überdies die Entdeckung dieses einen, wichtigen Knochens fand, durch den die Abstammung vom Affen bewiesen würde. Ihre Suche führte sie in die Tiefen seines Wesens, wo sie eines Tages eine schockierende Entdeckung machen würde.

In einem Wäschekorb voller Gedichte stieß sie auf eine Mappe, auf der in seiner unverwechselbaren Handschrift *Erotica Romana* geschrieben stand. Durch Goethes Verehrung der unerreichbaren Charlotte von Stein hatte sie sich in ihrem Kopf ein Bild des verliebten Dichters gemacht. Derselbe Mann erschien in seiner römischen Poesie nackt vor ihr und befahl, man möge nichts befürchten, sondern frei pflücken und genießen. Das Bild von Goethe wurde mit jedem Vers mehr in Stücke gehackt. »Nahet sich einer und blinzt über den zierlichen Raum, ekelt an Früchten der reinen Natur, so straf ihn von hinten mit dem Pfahle, der dir rot von den Hüften entspringt!« Jeder Vers war sinnlich geladen. Durch das Fenster seiner Dichtung fiel das Sonnenlicht auf das zerwühlte Bett, in dem er Gott weiß wie viele Frauen geliebt hatte. Er gab sich in glühender Sprache Eros hin, als Sklave einer genusssüchtigen Muse.

Als Sophie wieder klar denken konnte, fasste sie einen Entschluss. Sie nahm *Erotica Romana* aus dem Wäschekorb. Sie war unverklemmt genug, um zu erkennen, dass es ein Verbrechen wäre, diese Werke zu vernichten. Doch sie durften das Bild, das die Leserschaft von Goethe hatte, nicht besudeln. Sie verbarg das Versbündel in der hintersten Ecke eines Schrankes, von dem nur sie einen Schlüssel hatte.

Anfang Juni 1885 waren die Pläne konkret genug, dass sie ihren Bibliothekar Hofrath Paul von Bojanowski den Auftrag geben konnte, einen Artikel für die deutschen Tageszeitungen zu schreiben. In diesem verkündete er, dass nach dem Aussterben des Geschlechts Goethe und dem Übergang des Goethe-Archivs in den Besitz ihrer königlichen Hoheit, der Großherzogin von Sachsen, die Zeit reif sei, in Weimar eine *Goethe-Gesellschaft* zu gründen. Um die 30 prominente Personen aus der Welt der Literatur und der Kunst unterschrieben diesen Artikel und erklärten sich bereit, die Gründung der Gesellschaft vorzubereiten.

Am ersten Tag der Zusammenkünfte setzte Freiherr von Loën die Pläne der Großherzogin Punkt für Punkt auseinander. Ihr vorrangiges Anliegen war, Goethes vollständiges Œuvre zu veröffentlichen, so wie man es in seinem Wohnhaus am Frauenplan vorgefunden hatte. Sophie erklärte sich bereit, diese Veröffentlichung, die voraussichtlich über 130 Bände umfassen würde, aus eigenen Mitteln zu finanzieren. Außerdem solle eine vollständige Goethe-Biographie verfasst werden. Darüber hinaus hatte die *Goethe-Gesellschaft* vor, regelmäßige Mitgliedertreffen zu veranstalten. Eine der Aufgaben dieser neuen Gesellschaft sollte die Veröffentlichung eines Goethe-Jahrbuchs werden. Hierdurch wollte die Großherzogin das Studium von Goethes Werken fördern und das Interesse der Leser und Leserinnen wachhalten.

Ihre Shakespeare-Bibliothek war mittlerweile europaweit bekannt. Die zukünftige Weimarer Goethe-Bibliothek sollte diese vom Umfang her übertreffen. Der aufwendigste Punkt, der sie am meisten beschäftigte, wurde ganz zuletzt verkündet: Die Fürstin würde in Weimar ein Gebäude errichten lassen, dass ein würdiges Archiv beherbergen sollte. Den Bau wollte sie aus ihrem Oranier-Vermögen finanzieren. Auch für die architektonische Planung würde sie zuständig sein. Die Stelle, an der es stehen sollte, hatte sie schon gewählt: hoch oben auf einem kahlen Kliff an der Ilm, schräg gegenüber dem großherzoglichen Schloss. Um die Brandgefahr so gering wie möglich zu halten, würde in der näheren Umgebung kein Baum oder Strauch gepflanzt werden dürfen.

DAS GOETHE-MUSEUM

Zusammen mit seiner Frau arbeitete Carl Alexander an einem Plan, um das Haus am Frauenplan als Nationalmuseum der Öffentlichkeit zugänglich zu machen. War die Einrichtung vollständig? Wie konnte man die Skulpturen, Gemälde, Drucke und Natursammlungen zur Besichtigung darbieten, und dabei alles vor Diebstahl und Schaden schützen?

Am 23. Juni schrieb er seiner Freundin Fanny von den besonderen und ernstzunehmenden Pflichten, die durch das Testament von Goethes letztem Enkel auf ihn übergegangen seien. Sie bezögen sich nicht nur auf sein Land, nicht nur auf Deutschland, sondern auf die ganze gebildete Welt. Er versicherte ihr darüber hinaus, dass auch die Großherzogin sich der Bedeutung dieser Pflicht vollkommen bewusst sei. Das werde sie durch die Verwaltung des ihr zugefallenen Erbteils mit Gottes Hilfe beweisen.

Das Goethe-Nationalmuseum zieht heute Literaturliebhaber aus aller Welt nach Weimar.

DIE GROSSHERZOGIN UND DER PROFESSOR

Sophie trat an den Berliner Literaturhistoriker Herman Grimm heran, den sie sehr bewunderte. Er konnte sich für ihr Vorhaben, ein eigenes Goethe-Archiv zu bauen, nicht erwärmen. Dann müssten Wissenschaftler, die Goethes Œuvre erforschen wollten, immer erst ihre Zustimmung einholen. Er sagte der kleinen Fürstin von oben herab auf den Kopf zu, dass Frauen und insbesondere Fürstinnen ihre Pläne häufig änderten und nur selten durchführten und sie diesen Gedanken deshalb aufgeben solle. Die Großherzogin antwortete ihm beherrscht, dass das bei ihr nicht der Fall sei und er schon sehen werde, dass sie ihre Absichten durchzuführen pflege.

Wenn etwas für sie charakteristisch war, dann dass sie für gewöhnlich ihre Pläne in die Tat umsetzte und darüber so wenige Worte wie möglich verlor. Ihr Motto lautete: *Il faut agir en parlant le moins possible* (»Man muss handeln und darüber so wenig wie möglich sprechen«). Sie machte sich auf die Suche nach einem Professor mit weniger Vorurteilen. Das Vertrauen, dass Walther ihr entgegengebracht hatte, verpflichtete Sophie, den Nachlass nach eigenen Erkenntnissen zu verwalten. Eine Hofdame erinnerte sich später, Sophie habe einmal die Hand geöffnet, in der sie ein kleines, zerknülltes Batisttaschentuch gehalten habe, und gesagt, der goethesche Nachlass gehöre ihr genau wie dieses Taschentuch. Er sei ihr Privateigentum und sie könne damit machen, was sie wolle.

ELSY UND ALBY

Nach König Wilhelm III. hatte Elsy alle weiteren Ehekandidaten abgewiesen. Lieber machte sie mit ihrem Vater ferne Reisen. Mittlerweile war sie 31 und für den fürstlichen Heiratsmarkt nicht mehr interessant, sodass Sophie befürchtete, dass sie unverheiratet bleiben werde. Es war jedoch noch nicht zu spät, denn Elsy verliebte sich plötzlich in Herzog Johann Albrecht von Mecklenburg-Schwerin, der in Potsdam dem Königlich Preußischen Leib-Garde-Husaren-Regiment angehörte, in dem er es zum General der Kavallerie gebracht hatte. Nach dem Jura- und Philosophiestudium wollte er ferne Reisen machen. Die drei Jahre ältere Elsy war genauso reiselustig wie er. Sie nannten einander Elsy und Alby und schienen unzertrennlich. Als Johann Albrecht seinen Mut zusammennahm und den Großherzog auf eine mögliche Eheschließung ansprach, stieß er anfänglich auf großen Widerstand. Carl Alexander fragte sich verzweifelt, ob er seine Lieblingstochter einem Herzog überlassen konnte, der als fünftes Kind von Großherzog Friedrich Franz II. von Mecklenburg-Schwerin nicht einmal Anspruch auf den Thron haben würde. Abgesehen davon war an dem jungen Mann wenig auszusetzen. Mit der Zeit wurde er nachgiebiger.

Der Herzog durfte die großherzogliche Familie sogar nach Schloss Dornburg begleiten, wo man Carl Alexanders 77. Geburtstag feierte. Nach der Feier kehrte Elsy nach Weimar zurück, wo sie so unglücklich vom Pferd stürzte, dass sie tagelang bewusstlos im Bett lag. Kaum jemand glaubte noch daran, dass sie den Unfall überleben würde. Doch langsam erholte Elsy sich. Um die Genesung zu beschleunigen, empfahl Hofarzt Pfeiffer ihr, den Winter in einem milden Klima zu verbringen. Carl Alexander fuhr nach Venedig, wo er in einem Hotel am Lido den Winter verbringen wollte, und würde erst im Frühjahr nach Weimar zurückkehren. Sophie versprach ihrer Tochter, sie zu begleiten. Doch erst musste sie ihre Geschäfte im Großherzogtum in die richtigen Bahnen lenken. Sie bot Professor Erich Schmidt aus Wien die Leitung des Goethe-Archivs an. Als er zugestimmt hatte, machte sie sich auf die Suche nach einem Verlag für ihre ehrgeizigen Pläne.

DIE *SOPHIEN-AUSGABEN*

Sophie war der Ansicht, dass in Weimar nur ein Verlag in Frage komme, um ihr Projekt zu realisieren. Sie trat an Hermann Böhlau heran und besprach mit ihm, welche Möglichkeiten er sehe, das goethesche Gesamtwerk herauszugeben. Das jüngere Lesepublikum fand seine Werke oft zu schwierig und zu teuer. Das müsse anders werden. Pragmatisch, wie sie war, entschied sich Sophie für einen festen, jedoch keinen Luxuseinband. Sie suchte das Papier aus und brachte sich auch bei der Wahl der Schrifttype ein, die der Setzer verwenden sollte. Nach einer ersten Schätzung würde die komplette Ausgabe über 140 Bände umfassen. Sie zögerte nicht. Mit dieser Ausgabe würde sie dem größten Weimarer Schriftsteller ein Denkmal errichten. Wenn dessen Gesamtwerk in dieser Ausgabe gebündelt würde, wäre Goethe aus der Weltliteratur nicht mehr wegzudenken. Die *Sophien-Ausgaben* wären eine sinnvolle Investition ihres Oranier-Vermögens. Die Großherzogin sorgte dafür, dass sich ihre wissenschaftlichen Mitarbeiter unter Leitung Professor Schmidts in Weimar an die Arbeit machen konnten.

Im November machte sie sich mit Elsy auf den Weg über die Alpen. In Gries am Brennerpass fanden sie ein Hotel, in dem sie die Winter verbringen konnten. Der Ort war für seine gesunde Bergluft bekannt. Hier blieben sie, bis Elsy sich wieder gesund und stark fühlte. Während ihrer Abwesenheit hatten Elsy und Alby einander nicht vergessen. Am 28. April fand die offizielle Verlobung statt. Sofort wurden die Vorbereitungen für eine Hochzeit im Herbst getroffen.

ERÖFFNUNG DES SOPHIENHAUSES

Die Großherzogin sah, dass der Bau ihres Sophienhauses in ihrer Abwesenheit gute Fortschritte gemacht hatte. Am 9. Juli nahm sie die offizielle Eröffnung vor. Die Vorschriften, die sie den Schwestern des Mutterhauses auferlegte, spiegelten ihr eigenes Selbstverständnis wider. Unter anderem schrieb sie, man solle über seine Gefühle sowie über seine Beweggründe und Handlungen stets streng wachen. Mühevolle Arbeit sei eine Aufgabe des Menschen und eine Gabe Gottes.

Jetzt machte sich die Großherzogin an die Ausführung ihres Plans, in Bad Sulza, das für seine salzigen Heilquellen berühmt war, eine spezialisierte Kinderheilstätte einzurichten. Mittlerweile hatte sie so viel Erfahrung gesammelt, dass sie ihr Ziel schneller zu erreichen wusste. Dr. Pfeiffer wurde auch mit der Überwachung der medizinischen Einrichtungen betraut.

Carl Alexander eröffnete am 15. Juli das Goethe-Nationalmuseum in Weimar. Nach einem halben Jahrhundert der Ruhe und Stille drängelten sich hunderte Besucher in Goethes Räumlichkeiten. Um zu verhindern, dass sie aus Neugier in sein Arbeits- und sein Schlaf- und Sterbezimmer eindringen würden, wurden in den Türrahmen Kordeln gespannt. Die Tür zum geheimsten aller Räume, der Bibliothek, war angelehnt.

Das Sophienhaus, eine der vielen Einrichtungen, mit denen Sophie sich sozial engagierte

FRANZ LISZTS ENDE

Der alte Franz Liszt wurde zusehends schwächer. Seine Gelenke quälten ihn bei jeder Bewegung. Deshalb hatte Carl Alexander in der Hofgärtnerei ein modernes Badezimmer einbauen lassen. Er konnte es jedoch nicht lange nutzen. Trotz seiner schlechten körperlichen Verfassung bestieg Liszt in seiner schwarzen Soutane die Reisekutsche und unternahm noch Reisen nach Budapest und Rom. Schließlich traf er am 21. Juli 1886 krank in Bayreuth ein. Auf Drängen seiner Tochter Cosima wohnte er der Aufführung von *Tristan und Isolde* im Rahmen der Festspiele bei. Fiebergeschüttelt ließ er sich von den gewaltigen Opernklängen der Liebesgeschichte überspülen. Bei seiner Rückkehr ins Hotel fiel er kraftlos aufs Bett und halluzinierte über den tödlichen Zaubertrank. Sein letztes Wort lautete »Tristan«.

Als Carl Alexander vom Ableben seines Freundes erfuhr, fasste er sofort den Plan, aus der Hofgärtnerei ein Lisztmuseum zu machen. Er wünschte sich, dass Liszt in Weimar an der Villa Altenburg begraben würde. Doch Liszt hatte testamentarisch verfügt, dass man ihn still und leise am Ort seines Todes beerdigen möge. Und so wurden seine sterblichen Überreste am 3. August in einem schlichten, offenen Leichenwagen zum Bayreuther Friedhof gefahren. Für Sophie war es, als sei ein Stern über Weimar auf immer verloschen. Seit sie 1842 als 18-Jährige aus Den Haag gekommen war, hatte Liszt ihr geduldig und freundschaftlich Unterricht gegeben. Jetzt sagte sie zu einer Hofdame, seit sie Liszt nicht mehr zuhören könne, höre sie am liebsten überhaupt kein Klavierspiel mehr.

DAS FAMILIENFOTO

In der Amtszeit des großherzoglichen Paares hatte sich die moderne Fotografie entwickelt. Louis Held machte in diesem neuen Medium Furore. Seit 1888 durfte er sich Hoffotograf nennen. Held hatte gegenüber dem Wieland-Standbild in der Marienstraße ein geräumiges Fotostudio eröffnet. Anlässlich ihres 75. Geburtstags wollte Sophie ein großes Familienfoto anfertigen lassen. Der Fotograf lud die ganze Familie in sein Atelier mit Glasdach ein. Vor einem Dekor, das an einen Wintergarten erinnerte, posierten alle so ungezwungen wie möglich. Die bescheidene Großherzogin, die sich nie in den Vordergrund drängte, platzierte Held zentral stehend, die Hände im Schoß, auf dem Kopf ihr gewohntes Häubchen. Links von ihr saß Großherzog Carl Alexander auf einem Gartenstuhl aus Bambus, nonchalant mit der Hand am Kinn. Ihre Töchter Elsy und Zitta saßen auf eine Hand gestützt rechts und links von ihrer Mutter auf dem Boden, Sophies Enkel Heinrich Reuß im Matrosenanzug im Schneidersitz zwischen sich. Unmittelbar hinter der Großherzogin stand ihr Schwiegersohn Septi, Heinrich VII. Reuß, neben ihm ihr anderer Schwiegersohn, der Herzog von Mecklenburg. Alby war ziemlich bedrückt, weil er seit seiner Hochzeit mit Elsy vergeblich auf ein Kind hoffte.

Der Fotograf platzierte Wilhelm Ernst, Carl Augusts 14-jährigen Sohn, auf der anderen Seite der Gruppe. Der Junge hatte einen adretten Anzug mit weißem Kragen an und trug das glatte Haar gescheitelt. Louis Held bat ihn, eine Hand auf die Schulter seiner Mutter Pauline zu legen. Diese saß schräg hinter ihrer Schwiegermutter. Dort stand auch Sophies Ein und Alles, Erbgroßherzog Carl August, dem die Großherzogin ihre Zuständigkeiten und Besitztümer später würde übertragen müssen. In ihren Memoiren schrieb eine Hofdame, Mutter und Sohn seien sich sehr ähnlich gewesen und hätten daher viele Anschauungen und Neigungen geteilt.

Charles körperliche Verfassung ließ zu wünschen übrig. Die Ärzte schrieben seine Rückenschmerzen und ständige Müdigkeit seinen schwachen Nieren zu. Sophie dankte Gott dafür, dass er geistig stabil war und sich mit dem nötigen Ernst auf seine zukünftigen Regierungsaufgaben vorbereitete. Manche Kronprinzen waren der Funktion, die auf sie wartete, nicht gewachsen. Der makabre Selbstmord von Kronprinz Rudolf, dem einzigen Sohn von Kaiserin Sisi, war noch frisch in Erinnerung.

DER TOD VON KÖNIG GORILLA

In seinen letzten Lebensjahren war König Wilhelm III. nicht mehr in der Lage, sich seinen Untertanen zu zeigen, doch Königin Emma und Prinzessin Wilhelmina sorgten mit öffentlichen Auftritten dafür, dass das Haus Oranien beim Volk nicht in Vergessenheit geriet.

Die kleine Prinzessin war für Königin Emmas Strategie unentbehrlich. Mit ihren blonden Haaren und ihren Puppen wusste sie sogar Antimonarchisten für sich einzunehmen. Doch lange nicht jeder bewunderte die Oranier. Die Sozialisten regten sich über das Fehlverhalten des Königs auf. Auch Emma bekam harsche Kritik ab. Am Vorabend von König Wilhelms III. 70. Geburtstag erschien in Den Haag eine anonyme Broschüre: »Aus dem Leben von König Gorilla«. Auf dem Umschlag war ein gekrönter Gorilla abgebildet, und von der ersten Seite an ließ der Verfasser sich über das liederliche Leben des Königs aus, »dass ausschließlich Venus und Bacchus geweiht« sei. Sophies Bruder wurde abwechselnd mit einem tollen Hund, einem fürstlichen Schwein und einem geilen Mandrill verglichen. Der Erfolg war riesig. Schon in der ersten Woche verkauften die Straßenhändler zehntausende Exemplare.

SCHILLERS LITERARISCHES ERBE

Sophie behielt ihre Würde und schien nichts von den Angriffen auf ihren Bruder zu wissen. Einen Monat nach ihrem Geburtstag erhielt sie überraschend ein Geschenk, das von immenser Bedeutung für die Weltliteratur war. Ihr Mann, der getreu seiner Gewohnheit seine alte Freundin Fanny informierte, schrieb dieser am 4. Juli 1889 von Schloss Belvedere, man sei in Weimar jetzt doppelt tätig und habe doppelte Pflichten, weil Schillers Enkel das Archiv seines Großvaters mit dem Goethes verbunden wissen wollte. Sophie hatte das vollste Vertrauen von Schillers adligem Enkel gewonnen, dem Maler Ludwig von Gleichen-Rußwurm, der an der Großherzoglich-Sächsischen Kunstschule studierte, wo er sich in der Landschaftsmalerei hervortat.

Friedrich von Schillers umfangreicher Nachlass befand sich lange Zeit auf Schloss Greifenstein, wo seine jüngste Tochter ein Museum für ihren Vater eingerichtet hatte. Nach ihrem Tod besprachen die Nachkommen, wie sie das Erbe auch für die Zukunft bewahren könnten. Als sie sahen, wie effizient Großherzogin Sophie Goethes Nachlass verwaltete, einigten sie sich darauf, dass das Werk seines Freundes bei ihr in guten Händen wäre.

Schillers Enkel, Ludwig von Gleichen-Rußwurm, vertraute Sophie den Nachlass seines Großvaters an.

Kurz nach Walther von Goethes Tod hatte sich ein fünfköpfiges Forscherteam an die Arbeit gemacht, um das Œuvre seines Großvaters zu katalogisieren. Es waren bereits zwei Bände der *Sophien-Ausgaben* erschienen, und das Kaufinteresse war groß. Die Goethe-Gesellschaft zählte schon im selben Jahr 5000 Mitglieder. Das Jahrbuch stieß auf großes Interesse, und man fühlte sich geehrt, einen Artikel beitragen zu dürfen. Die Schillergesellschaft, die Gleichen-Rußwurm gegründet hatte, würde auch in Sophies Archiv untergebracht werden können. Indem sie alle Manuskripte zur Verfügung stellten, verzichteten sie auch auf das Vermögen, dessen Umfang nicht einmal annäherungsweise genannt werden konnte.

Die Großherzogin beschloss daraufhin, ihr Archivgebäude in Goethe- und Schiller-Archiv umzubenennen. Dass auch die Nachkommen von Herder und Wieland der Großherzogin ihre Literaturschätze schenkten, erstaunte niemanden mehr. Sophie passte ihre Baupläne entsprechend an. Ihre Arbeitsbelastung war durch die Schenkungen vervielfacht, doch das gab ihr Kraft, und die Außenwelt bewunderte sie dafür.

In ihrer 40 Jahre andauernden Freundschaft hatte Carl Alexander Fanny schriftlich über alles Wissenswerte in seinem Leben informierte. Er unterstütze sie, bis das Alter ihre Tage verdüsterte. »Keine Kunst ist es, alt zu werden. Es ist Kunst, es zu ertragen«, zitierte sie Goethe in einem ihrer letzten Briefe. Am 5. August starb Fanny Lewald. Da sie bürgerlicher Abstammung war, hatte der Großherzog sich nie dazu durchringen können, sie bei Hofe zu empfangen.

KAISER WILHELM II.

Das Jahr 1890 begann für das mächtige und wirtschaftlich erfolgreiche Deutsche Kaiserreich mit einem triumphierenden Feuerwerk, das den Himmel über den Kuppeln von Berlin erleuchtete. Nach dem Tod Kaiser Wilhelms I. und der kurzen Amtszeit des kranken Fritz, saß nun Kaiser Wilhelm II. auf dem Thron. Der eitle Despot entließ am 18. März 1890 Reichskanzler Bismarck, der schon seit 30 Jahren die Politik bestimmt hatte. Die deutschen Staaten, die ihm ihre Einigung verdankten, protestierten nicht. Und Wilhelm II., der ohne Bismarck nie die Kaiserkrone getragen hätte, war froh, ihn los zu sein.

Auch in Sophies Vaterland stand ein Thronwechsel bevor. Wilhelm III. litt neben seinem Nierenleiden inzwischen auch an Diabetes. Die königliche Familie zog nach Het Loo um. In Den Haag bereitete die Regierung sich auf die Zukunft vor. Ein neues Gesetz machte die junge Königin Emma zum Vormund von Prinzessin Wilhelmina. Wenn Wilhelm III. stürbe, sollte sie bis zu Prinzessin Wilhelminas Volljährigkeit als Regentin die Geschäfte des Landes führen. Letzteres gefiel manchen Politikern überhaupt nicht. Wie konnte man einer so jungen Frau, noch dazu einer Fremden, die Führung des Landes anvertrauen?

HELGOLAND

Sophie war sich nur zu gut bewusst, wie nah sie, ihr Sohn und ihre Enkel dem niederländischen Thron standen. Um sich den Spannungen zu entziehen, reiste sie im Sommer wie gewohnt nach Helgoland. Das war der einzige Ort, an dem sie allein sein und neue Kraft tanken konnte, um der Flut der Verpflichtungen bei ihrer Rückkehr wieder gerecht werden zu können. Sie verbrachte einige Wochen in einem kleinen Haus hoch auf den roten Felsen an der Nordsee.

Im September setzte sie wieder aufs Festland über und fuhr nach Schlesien, um ihre Güter dort zu inspizieren. Sie kontrollierte streng, ob all ihren Instruktionen in Heinrichau im vergangenen Jahr auch Folge geleistet worden war. Per Kutsche begab sie sich nach Posen zu dem kleinen Schloss Racod, das sie von ihrem Bruder Heinrich geerbt hatte. Bei ihrem ersten Besuch in der Region war sie über die Armut der polnischen Arbeiter entsetzt gewesen. Sie hatte den Auftrag gegeben, in den Dörfern Arbeiterhäuschen aus Stein zu bauen, die ihren hygienischen Ansprüchen genügten. Sie finanzierte den Schulunterricht der Kinder, damit diese für eine bessere Zukunft sorgen könnten.

Bei ihrer Rückkehr nach Weimar erreichte sie die Nachricht, dass Wilhelm III. im Sterben lag. Zusammen mit ihrem Mann nahm sie die Eisenbahn, um Abschied von ihm zu nehmen. Am 23. November verstarb er in seinem Bett aus Ebenholz. Er hatte 41 Jahre lang die Niederlande und Luxemburg regiert. Nie zuvor war ein Mitglied des Hauses Oranien-Nassau so nachlässig beerdigt worden wie König Wilhelm III. Eine britische Tageszeitung schrieb am nächsten Tag, sein Sarg sei wie ein Klavier von groben Umzugsleuten in die Kirche geschleppt worden.

Der Pastor erinnerte die Gemeinde mit trauriger Stimme von der Kanzel der Neuen Kirche herab daran, dass das Haus Oranien nach einer Regierungsperiode von 300 Jahren keine männlichen Nachfolger mehr habe. Das Königshaus sei ausgestorben, seufzte er, doch glücklicherweise nicht ganz. Allen stand die zehnjährige Prinzessin Wilhelmina vor Augen, ein zerbrechliches Mädchen, das Insidern zufolge im Palast Noordeinde mit Kopf- und Magenschmerzen im Bett lag.

Königin-Regentin Emma und Großherzogin Sophie standen Wilhelmina fortan mit Rat und Tat zur Seite. Die Königin sorgte für eine strenge Aus-

Wilhelmina in jungen Jahren

bildung. Die Tante trat freundlicher auf. Sie verwöhnte ihre Nichte gerne. In ihren Memoiren erinnerte sich Wilhelmina, ihre Tante sei das Einzige gewesen, was ihr von ihrem Vater noch geblieben sei, was ein besonderes Band geschaffen habe. Sollte Wilhelmina etwas zustoßen, wäre sie ihre Nachfolgerin.

WILHELMINA UND TANTE SOPHIE

Im April 1892 gratulierte Wilhelmina ihrer Tante brieflich zum Geburtstag und gab ihrer Hoffnung Ausdruck, sie anlässlich ihrer goldenen Hochzeit besuchen zu können. In Weimar wurden in allen Schichten der Bevölkerung Pläne für den feierlichen Umzug geschmiedet, mit dem man das Jubelpaar im Oktober überraschen wollte. Bei Hofe erwartete Sophie 200 Gäste, wovon 40 königlichen Blutes waren. Wilhelmina würde sich an diesen überwältigenden Tag ihr Leben lang erinnern.

Königin-Regentin Emma erzog ihre Tochter sehr streng. Wutausbrüchen begegnete sie mit drastischen Maßnahmen. Wilhelmina durfte nicht wie ihr Vater Wilhelm III. werden. Sophie begegnete ihrer Nichte mit mehr Milde. Viele Jahre später schrieb Königin Wilhelmina ihre Memoiren, denen sie den vielsagenden Titel *Einsam, und doch nicht allein* gab. Sie erinnere sich der Wärme ihrer Tante gut. Die Großherzogin wollte Wilhelmina so oft sehen, wie es ihr gefüllter Terminkalender nur erlaubte. Ihre Hofdame schrieb über ihre enge Beziehung zu ihrer Nichte, sie habe sie nicht nur zärtlich geliebt, sondern auch ihre klare und beständige Entwicklung bewundert.

DIE GOLDENE HOCHZEIT

In Weimar erlebte die kleine Königin ihr erstes Galadiner. Sophie betrat den großen Saal am Arm ihres Mannes. Sie trug ein Kleid aus cremefarbener Seide und Spitze und ein Collier wie eine Flut tropfenförmiger Perlen. Die Großherzogin nahm neben Wilhelm II. Platz. Der 33-jährige Kaiser hatte die Spitzen seines dunklen Schnurrbarts nach oben gezwirbelt, was ihn wild und herrschsüchtig aussehen ließ. Nachdem er den Reichkanzler nach 30 Jahren treuem Dienst entlassen hatte, hatte er allgemein den Befehl gegeben, ihn zu ignorieren. Doch Zitta, die bei dem Diner weit entfernt von dem hohen Gast saß, weigerte sich aus Prinzip. Sie hatte das alte, befreundete Ehepaar Bismarck trotzdem besucht. Das kostete ihren Mann seinen Arbeitsplatz. Nach dessen Entlassung musste die Familie Reuß Wien verlassen. Sie zog sich auf den Landsitz Trebschen zurück. Zitta zeigte nie Reue über diesen Schritt. Sie hatte sogar den Mut, dem Kaiser in hoher Gesellschaft den Rücken zuzukehren.

Wilhelmina war die Jüngste bei diesem fürstlichen Diner. Sie ahnte nichts von den Spannungen zwischen den Erwachsenen an der Tafel. Links neben dem Kaiser saß ihre Mutter, die Königin-Regentin der Niederlande. Sie hatte ihre Tochter dazu angehalten, sich an die Etikette zu halten. Wilhelmina bewahrte sich trotz allem ihre kindliche Spontanität. Sie trug ein Band in ihrem offenen, blonden Haar und durfte neben ihrem Onkel, Großherzog Carl Alexander, sitzen.

Die beiden Königinnen blieben zwei Wochen zu Gast bei Hofe. Sie nahmen an allen Feierlichkeiten teil. Am 8. Oktober, dem offiziellen Hochzeitstag, ging man in die Hofkirche zum Dankesgottesdienst. Danach fand im großherzoglichen Schloss ein lang andauernder Empfang statt. Große und kleine Geschenke wurden dargeboten. Graf von Bylandt überreichte eine in gotischer Schrift geschriebene Urkunde mit den Wappen der Niederlande und Sachsen-Weimars, in der das niederländische Volk dem Jubelpaar 50 000 Mark schenkte. Sophie nahm die Geschenke entgegen und dankte allen Schenkern und Schenkerinnen persönlich. Die 400 000 Mark, die das Großherzogtum dem goldenen Brautpaar schenkte und die 150 000 Mark von der Stadt Weimar sollten auf Sophies Wunsch hin dem Bau eines Kinderkrankenhauses zugutekommen. Nach dem Trubel musste sie sich umziehen für ein Fest im Theater, bei dem ihr und ihrem Mann ausgiebig zugejubelt wurde.

Der Morgen des 9. Oktober war sonnenüberflutet, sodass die Instrumente der Blechbläser nur so blitzten. Vom energischen Rhythmus der geschmückten Trommeln angeheizt, brachten sie ihr Morgenständchen unter den Fenstern der großherzoglichen Wohnräume. Das Paar machte sich fertig, um dem *Festzug* beizuwohnen, der für das Volk den Höhepunkt der Feierlichkeiten darstellte. 6000 Bürger aus allen Ecken des Großherzogtums kamen in historischen Kostümen am Startpunkt zusammen, um sich schminken zu lassen und ihre Requisiten bereitzulegen. Sie nahmen ihren Platz auf den Prunkwagen ein oder reihten sich zu Fuß in die Parade ein. Genau rechtzeitig erschien Großherzog Carl Alexander mit seiner Gattin, seinen Kindern und Enkelkindern als selbstbewusster Monarch in vollem Ornat mit Ordensbändern auf der geschmückten Tribüne auf dem Festplatz. Sophie grüßte freundlich und bemerkte, dass ihr Sohn, der bescheidene Erbgroßherzog, sich neben seinem flamboyanten Vater so klein wie möglich zu machen versuchte. Carl August war seinen Söhnen zärtlich zugetan. Als sie einmal bei einem Spaziergang auf ihn zu gerannt kamen, sagte er zu Adelheid von Schorn, sein größtes Anliegen sei, seine Söhne zu tüchtigen und glücklichen Menschen zu machen.

Der auffälligste Prunkwagen des ganzen langen Festzugs kam eine Stunde später an der Tribüne vorbei. Er hatte den holländischen Wohlstand im Goldenen Zeitalter zum Thema. Der Zeichner, der später ein Pop-up-Bilderbuch des Festzugs anfertigte, brauchte einen zusätzlichen Papierstreifen oberhalb der Seite, um ihn in seiner Gänze abzubilden. Die berühmtesten Maler der nördlichen und südlichen Niederlande marschierten in Begleitung ihrer Frauen mit, angeführt von Peter Paul Rubens, gefolgt von Rembrandt, Frans Hals und Van Dyck. Der Prunkwagen, der die Periode Carl Augusts darstellte, sorgte für Bewunderung durch Szenen aus Goethes Dramen *Tasso*, *Iphigenie*, *Faust* und *Egmont* und Schillers *Wilhelm Tell*. Dahinter holperte ein Karren voller Bauern und Bäuerinnen in Tracht vorbei. »Der Landbau ist die erste aller Künste!«, lautete der provokante Text, den sie mittrugen. Ohne Bauern gäbe es keine Kaufleute, Dichter und Philosophen. Nur was die Erde hervorbringe, sei unser aller Reichtum.

Auch das wichtige Jahr 1842 war vertreten, in dem Sophie aus den Niederlanden gekommen war, um Fürstin von Sachsen-Weimar zu werden. Von diesem Prunkwagen herab winkten ihr die Schülerinnen ihres Sophienstifts in weißen Kleidern zu, und die Pflegerinnen des Sophienhauses

Doppelporträt von Carl Alexander und Sophie, 1888, Fotografie von Louis Held

zogen in ihren grauen Uniformen sittsam vorbei. Nachdem alle Zweige von Industrie und Handwerk – von Brauereien bis zu Keramikfabriken – sich auf Wagen präsentiert hatten, die Herren des modernen Fahrradvereins vorbeigeradelt waren und die Mitglieder des Turnvereins ihr Können gezeigt hatten, schloss der Festzug mit einem riesigen Kriegsdenkmal ab, das von dezentem Trommeln und dem Geschmetter der Militärkapelle begleitet wurde und die Zuschauer an den Krieg von 1870 erinnerte. Am 12. Oktober gingen die Festlichkeiten mit einem großen Hofball zu Ende.

Weder die Gäste, die unter den Kronleuchtern tanzten, noch die Bürger auf den Straßen ahnten, dass dies das letzte Mal in der Geschichte sein würde, dass das Haus Wettin sich in voller Pracht zeigen würde.

WANDA VON PUTTKAMER

Derweil war die Großherzogin auf der Suche nach einer jungen Hofdame, die ihren strengen Anforderungen entsprach. Bei der Theateraufführung im runden Saal fiel einem adeligen Mädchen aus Pommern auf, dass die Großherzogin sie aufmerksam musterte. Sie hieß Wanda von Puttkamer und entstammte einem alten Pommerschen Geschlecht. Sie war ins Großherzogtum gekommen, um sich als Hofdame zu bewerben. Doch da sich noch sechzig andere Damen gemeldet hatten, hegte sie keine allzu hohen Erwartungen.

Sophie verfügte über eine gute Menschenkenntnis und hatte ihren Entschluss schon aus der Distanz gefasst. Sie lud Wanda von Puttkamer zum Bewerbungsgespräch. Sie setzte sich ihr gegenüber und fing das Gespräch auf Französisch an, was der jungen Frau keinerlei Schwierigkeiten bereitete. Innerhalb einer Viertelstunde hatte sie die Stelle. Um sie herum wurde überrascht und teils auch neidisch reagiert. Jemand fragte Sophie, wie sie so schnell habe entscheiden können, ein so junges Mädchen für solch eine wichtige Funktion einzustellen. Sophie antwortete darauf, sie habe sorgfältig eine Dame mit Verstand gewählt. Wenn eine junge Frau mit 20 noch keinen habe, komme der auch später nicht mehr.

Und so kam Wanda von Puttkamer in ihr Leben. Wanda schrieb später in ihren Memoiren eine rührende Charakterstudie der Großherzogin nieder. Ihr verdanken wir, dass wir der Großherzogin in deren letzten Lebensjahren folgen können. Puttkamer genoss schon bald ihr vollstes Vertrauen. Sie bat sie, in der kleinen Bibliothek Bittschreiben entgegenzunehmen. Die Hofdame entdeckte, dass die Großherzogin heimlich Beziehungen zu einfachen Frauen unterhielt. Sie sprach mit Müttern aus dem Volk, die ihr all ihre Probleme anvertrauten. Sophie versorgte sie mit Lebensmitteln, Medikamenten und Geld. In ihren Memoiren erinnerte Wanda sich, die Großherzogin habe ihr einmal halb lächelnd, halb erschüttert erzählt, in einer Woche würden manchmal bis zu 120 000 Mark erbeten.

DIE BAUSTELLE

An einem regnerischen Spätsommertag des Jahres 1893 holte ein Diener die Hofdame frühmorgens ab. Er brachte sie zu seinem bereitstehenden Fahrzeug. Die Großherzogin in Regenmantel mit Handtasche, Regenschirm, Regenhut und festen Stiefeln ließ sich beim Einsteigen helfen und teilte mit, dass sie zur Baustelle führen. Die Kutsche wandte sich in Richtung Tiefurt. Sophie belehrte Wanda in einem fort. Zwar sei nichts schöner als ein lebhafter Geist, ein guter Ausdruck, Fröhlichkeit und Frohsinn, pflegte sie zu ihrer Hofdame zu sagen, dabei müsse jedoch die Körper- und Kopfhaltung stets Ruhe ausstrahlen.

Puttkamer fiel auf, dass die Fürstin allseits geachtet war, niemand sich jedoch unter ihrem durchdringenden Blick wohlfühlte. Ihre Reserviertheit lege sie nur im Einzelgespräch ab. Man müsse sie genau kennen, sie angesichts von Leid und Not zupacken und anderen mit Liebe, Rat und Tat zur Seite stehen sehen, um die volle Wärme ihres Herzens zu begreifen. Die Großherzogin wusste selbst nur zu gut, dass sie gefürchtet wurde. Sie überrumpelte ihre junge Hofdame mit der Frage, ob sie Angst vor ihr habe. Wanda antwortete, dass sie nicht an ihren Hof gekommen wäre, wenn sie Angst vor ihr hätte.

Sie überquerten die Ilm, und die Pferde zogen die Kutsche bergauf. An der matschigen Baustelle stiegen sie aus. Sie wurden von Otto Minckert begrüßt, dem Weimarer Architekten, den Sophie angestellt hatte, um auf diesem Grundstück, das sie im Jahr zuvor gekauft hatte, das Goethe- und Schiller-Archiv zu bauen. Im Juni hatte sie ihm einen sehr detaillierten Entwurf zugeschickt. Von dieser Stelle aus hatte man einen überwältigenden Blick auf die Stadt. Sophie und ihre Hofdame mussten über Baumaterial hinwegsteigen. Sie hätten die getroffenen Vorbereitungen genauestens begutachtet. Puttkamer habe über die Sachkenntnis der Fürstin gestaunt, die nicht nur über alle Einzelheiten Bescheid gewusst, sondern auch ganz bestimmte Wünsche geäußert habe, schrieb die Hofdame. Trotz der eigenhändigen Bauzeichnung schien Minckert Sophie falsch verstanden zu haben. Schließlich habe sie die Änderungen, die ihr vorschwebten, mit dem Regenschirm auf die Erde gezeichnet. Man habe ihr angesehen, dass sie sich schon vielfach mit Bauwerken beschäftigt habe.

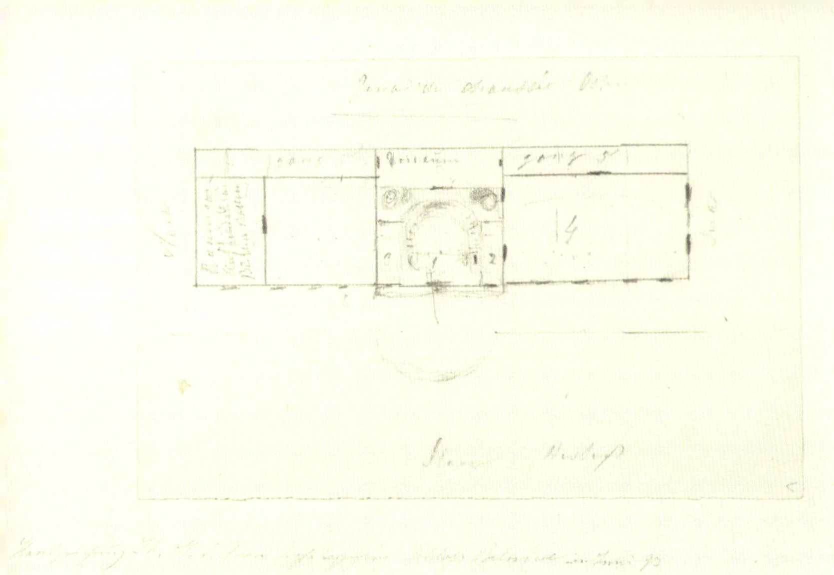

Handskizze mit Grundriss des geplanten Archivgebäudes von Großherzogin Sophie von Sachsen-Weimar-Eisenach, Juni 1893, GSA 150/A 50

Die Großherzogin hatte 400 000 Mark in das Bauprojekt gesteckt, die sie ihrem Privatvermögen entnommen hatte. Es sollte ihr persönliches Archiv werden, das ihre persönlichen Literaturschätze enthalten würde, und sie duldete keine Änderungen an ihren Plänen. Andere moderne Gebäude der Stadt waren in Neorenaissancestil gebaut worden, doch für ihr Archiv orientierte sie sich an einem französischen Beispiel, dem Petit Trianon. Dieses Lustschloss im Garten von Versailles datierte aus der zweiten Hälfte des 18. Jahrhunderts, der Blütezeit der deutschen Literatur, der Ära von Goethe, Schiller, Wieland und Herder. Werke jüngerer Schriftsteller wie die ihres geliebten Hebbel, dessen Nachlass sie von seiner Witwe erhalten hatte, würden gut dazu passen.

Während Sophie und der Architekt zwischen Backsteinen und Balken hin- und herliefen, näherte sich Wanda ein freundlicher, unscheinbarer Herr mittleren Alters. Es war Professor Suphan. Sophie hatte ihn als Direktor des Archivs, das ihr Lebenswerk werden sollte, angestellt. Sie habe unermüdlich versucht, das Innere der Menschen, den Kern der Sache und der Persönlichkeit zu ergründen und sich diesbezüglich nur sehr selten auf die Einschätzungen anderer verlassen, bemerkte Puttkamer. Dank ihres scharfen Verstandes habe sie aus Handlungsweisen auf den Menschen geschlossen und sich fast nie geirrt.

Bernhard Suphan ging auf dem Gebiet der Literaturforschung bis zum Äußersten. Mit leichter, liebevoller Ironie sprach er von Goethe als dem Archivheiligen. Der Dichter zwang ihn oft zu Dienstreisen, von denen er mit wichtigen Funden zurückkehrte. Suphan gelang es sogar, die uralte Ulrike von Levetsow aufzuspüren, Goethes letzte große Liebe, für die er die *Marienbader Elegie* geschrieben hatte. Sophie gönnte Suphan keine Ruhe. Er führte ihre Befehle wie ein »getreuer Fridolin« aus, wie er selbst sagte. Das war ihm nur deshalb möglich, weil sie sich, was Goethes Nachlass und andere Dinge, die sie in Angriff nahm, betraf, keinerlei Beschränkungen auferlegte.

Sophie machte mit Minckert und Suphan einen Rundgang über das Baugelände, auf dem ihr Lebenswerk errichtet werden sollte, und besprach alles bis ins Detail, vom Erdgeschoss mit der Hausmeisterwohnung bis zur repräsentativen ersten Etage, in der die Manuskripte und Bücher aufbewahrt werden würden und wo sich ihr Zimmer befinden würde. Sie beschäftigte sich mit der Einrichtung, denn diese zweckmäßig und schön zu gestalten, sei ihr eine besondere Freude gewesen. Jede Farbe der Wände und Möbel, jedes Stuhlmuster, die Ausstattung des Direktorenzimmers habe sie aufs Genaueste überwacht. Die Baupläne lenkten Sophie ein wenig von den zunehmenden Sorgen um ihre Familie ab, in der sich langsam ein großes Unglück abzuzeichnen begann.

DER KRANKE ERBGROSSHERZOG

Erbgroßherzog Carl August wurde von Kaiser Wilhelm II. zum General der Kavallerie befördert, worauf sein Vater neidisch reagierte. So weit hatte er es auf militärischem Gebiet nie gebracht. Und wem hatte sein schwacher Sohn diese Erhebung zu verdanken? Als sich die zahlreichen Kriegervereine 1893 zusammenschlossen, wurde Carl August zur Entrüstung des Großherzogs auch noch der Titel des Ehrenpräsidenten angetragen. Er setzte sich für die Verbesserung der Lohnstandards der Arbeiter und die Formulierung eines Wahlgesetzes ein.

Großherzogin Sophie beunruhigte der Anblick ihres Sohnes, der Woche für Woche schlechter aussah und Probleme mit den Nieren hatte. Er versuchte, seine Mutter jeden Tag vormittags zu besuchen, und sie legte für ihn ihre Arbeit zur Seite. Ihre Hofdame schrieb, er habe für sie die Weiterarbeit, die Zukunft, das Schaffen in ihrem Sinne, den Erhalt all dessen, was ihr am Herzen gelegen habe, die Erfüllung und das Fortführen ihres Lebenswerkes bedeutet. Sie habe an dem Sohne all diese einfachen guten Eigenschaften, die schlichte, gerade, jeder Verstellung, jedem Luxus abgewandte Natur, die praktische Veranlagung, das Verständnis für die natürlichen Dinge des Lebens, das aufrichtige Vertrauen geschätzt und seine große, bis zuletzt fast kindlich gebliebene Liebe zu ihr.

Bisher machte sich noch niemand ernstlich Sorgen um den Erbgroßherzog, der schon immer eine schwache Gesundheit gehabt hatte und dem es dank seiner Willensstärke gelang, seinen Aufgaben nachzugehen. Doch im Frühjahr musste Sophie erkennen, dass das Großherzogtum in Zukunft womöglich nicht von ihrem Sohn geführt werden würde.

DIE FATALE DIAGNOSE

Anlässlich des Geburtstags ihres Mannes ließ Sophie die ovale Speisezimmertafel auf der Dornburg in Delfter Blau decken und mit Blumen schmücken. Zu jener Zeit konnte ihr jedoch nichts Freude bereiten. Elsy und Zitta, die ihre Mutter gut kannten, sahen ihr an, wie bedrückt sie war. Als ihr kranker Bruder gestützt von seinen beiden Söhnen zum Diner erschien, trat betroffene Stille ein. Carl August war stark abgemagert. Er duldete keinerlei Mitleid, obwohl ihn ein Todeshauch umgab. Das großherzogliche Paar hatte vor kurzem Spezialisten von der Universität Jena empfangen, die ihren Sohn gründlich untersucht hatten. Ihre Diagnose lautete einstimmig, dass er an einer unheilbaren Nierenerkrankung leide. Dem Erbgroßherzog blieben nur noch wenige Monate.

Sie beschlossen, ihrem Sohn und ihrer Schwiegertochter die Wahrheit zu verschweigen. Das sollte der Qualität seiner letzten Lebensmonate zugutekommen. Am nächsten Morgen fuhr Carl August mit seiner Frau zur komfortablen Ettersburg. Nur ein einziges Mal zeigte sich der Erbgroßherzog noch am Hof in Weimar. Dort traf er Adelheid von Schorn. Er habe ausgesehen wie ein Sterbender, und als sie ihn gefragt habe, wie es ihm gehe, habe er sie unbeschreiblich traurig angesehen, ihr lange und fest die Hand gedrückt und leise gesagt, es gehe nicht gut. Das sei ihr Abschied gewesen.

Im Juli hatte seine Mutter ihre jährliche Reise in die Niederlande gemacht und eine Weile bei Wilhelmina und Emma auf Schloss Soestdijk verbracht. Dort stellte sie mit der Königin-Regentin einen Lehrplan für die Königin auf und beriet sie bei der Wahl ihrer Lehrer. Von Soestdijk reiste sie nach Helgoland, wo sie mit Aussicht aufs Meer Kraft tankte. Nach ihrer Rückkehrt besuchte sie Charles und Pauline einige Tage auf der Ettersburg. Im Rokokosaal saß sie dem 50-jährigen Erbgroßherzog gegenüber. Ein grauer, hängender Schnurrbart verbarg seinen traurigen Mund. Sie besprachen wie gewöhnlich politische Fragen, die Landwirtschaft und den Zustand des umliegenden Buchenwaldes. Die Ärzte empfahlen Carl August, den Winter im Süden zu verbringen, wo ihm das milde Klima guttun würde. Sie nahmen sich vor, diesem Rat im Oktober Folge zu leisten.

Sophie ließ das Ehepaar allein. Scheinbar unermüdlich reiste sie zu ihren Landgütern in Schlesien. Unterwegs verfolgte sie das Bild ihres Sohnes.

Der nierenkranke Carl August um 1890, vier Jahre vor seinem Tod in Monaco, Fotografie: Photoatelier Hertel

Als sie Briefen entnahm, dass auch ihr Mann nach Ettersburg fahren wollte, schrieb sie seinem Adjutanten Palézieux, sie befürchte, der Großherzog werde von den herzzerreißenden Eindrücken dort am Boden zerstört sein. Seine Briefe gäben ihr das Gefühl, dass er resigniert habe und nur mit Mühe seinen Pflichten nachkommen könne. Sie fühle, wie er leide.

ABSCHIED AM BAHNHOF

Vor seiner Abreise übernachtete Carl August mit Pauline im Stadtschloss. Am nächsten Morgen trat er gelassen seine letzte Reise an. Sophie begleitete ihn zum Bahnhof. Wanda von Puttkamer war ebenfalls dabei. Der Abschied sei herzzerreißend gewesen, denn der Erbgroßherzog sei voller Hoffnung auf Genesung abgereist, während seine Mutter wusste, dass sie ihn voraussichtlich nicht mehr lebend wiedersehen würde. Puttkamer habe an jenem Tag Dienst getan und habe lange nicht vergessen können, wie die alte Fürstin am Bahnsteig gestanden habe, um den geliebten Kranken noch so lange wie möglich sehen zu können.

Trotzdem wandte sie sich sofort wieder ihrer Korrespondenz zu, nachdem sie in ihr Arbeitszimmer zurückgekehrt war. Nichts durfte am Leben auf dem Schloss verändert werden. Sogar Empfänge fanden weiterhin statt. Zu ihrer Hofdame sagte sie, wenn sie alles absagte, verlören die Lieferanten ihre Einkünfte. So viele Familien waren vom Hof abhängig.

Am 20. November 1894 trat das lange erwartete Unheil ein. Der Erbgroßherzog starb schließlich in Cap Martin bei Monaco an einer Lungenentzündung. Wieder habe man sich am Bahnhof versammelt, diesmal um die sterblichen Überreste heimzugeleiten, mit denen so viel Liebe und Hoffnung zu Grabe getragen wurde. Die Großherzogin sei tief gebeugt gewesen, doch ihre fast übermenschliche Kraft, anderen zu helfen, habe sie nicht einen Augenblick verlassen. Sie habe die Witwe und die Kinder getröstet, für alles und jeden gesorgt, besonders auch dafür, dass der Großherzog den Schlag überwände, und die greisen Eltern hätten die ermüdenden, schmerzlichen Trauerfeierlichkeiten in ruhiger Würde ertragen.

WEIMAR IN TRAUER

Erneut kamen Fürsten und Fürstinnen nach Weimar geströmt, diesmal um dem verstorbenen Thronfolger die letzte Ehre zu erweisen. Sein Sarg in der Hofkirche verschwand unter Blumen und Kränzen. Kaiser Wilhelm II. und seine Frau, Kaiserin Auguste Viktoria, die ihren Besuch ankündigten, wurden von Carl Alexander gebeten, in Berlin zu bleiben. Als Grund nannte er die ermüdende Reise. Die Großherzogin protestierte nicht gegen diese seltsame Empfehlung ihres Mannes.

Als sich der Trauerzug zum Friedhof in Bewegung setzte, blieben die Fürstinnen im Schloss zurück, wie es damals üblich war. Wanda von Puttkamer, die nicht zur Geburtstagsfeier ihrer Mutter gefahren war, um bei der trauernden Großherzogin zu bleiben, schrieb, dass ihre Herrin, als der Leichenzug den Schlosshof verließ, trotz ihrer herzzerreißenden Traurigkeit eine Haltung vollkommener Selbstbeherrschung und tragischer Größe bewahrt habe. Trotz ihrer tiefen Trauer vergaß Sophie die anderen nicht. Nur drei Tage nach der Beerdigung ihres Sohnes fand die Hofdame auf ihrem Zimmer einen Blumenstrauß mit einem Brief vor, in dem die Großherzogin versicherte, nicht vergessen zu haben, dass Puttkamer jenen Tag ihren Wünschen geopfert und in trauriger Umgebung inmitten von Leid verlebt habe. Sie bat sie, die Blumen als Zeichen ihrer Würdigung und ihres Dankes anzunehmen, sodass doch etwas Buntes und Frohes sie umgeben möge, und ihrer Mutter in ihrem Namen ein Telegramm mit den besten Wünschen zu senden.

Auch Adelheid von Schorn, die sich immer als Freundin Carl Augusts betrachtet hatte, dankte sie in einem persönlichen Brief für ihre Beileidsbekundung. Sie sei überzeugt, Schorn werde ihn und seine großen Eigenschaften und das Andenken an ihn im Herzen bewahren.

Der Winter 1894 war der schwerste in Sophies Leben. Schon vor Dezember war Thüringen von einer dicken Schneeschicht bedeckt. Seit Franz Liszts Tod ging Sophie nur noch selten zu musikalischen Darbietungen. Ins Theater ging sie nie mehr. Abends traf Wanda von Puttkamer ihre Fürstin meist allein in der Bibliothek an, wo sie in der Literatur Trost suchte. Drei Monate lang trugen die Hofdamen Volltrauer. Doch Carl Alexander verabscheute schwarze Kleidung und die Zurschaustellung von Traurigkeit. Deshalb kleidete sich die Großherzogin in dieser Zeit nicht in schwarz, sondern in grau, lila und weiß. Ihren Schmuck legte sie jedoch ab.

GROSSHERZOGTUM UND KÖNIGREICH

Wilhelm Ernst, der neue Erbgroßherzog, musste nach dem Tod seines Vaters aktiv am Hofleben teilnehmen. Deshalb wurden wieder Bälle ausgerichtet. Der verschlossene und schüchterne junge Mann musste Tanzstunden nehmen. Schließlich erwartete man von ihm als zukünftigem Fürsten, dass er als erster die Tanzfläche betrat, um den Ball zu eröffnen. Der gerade mal 19-jährige Welmy schien seinen Pflichten noch nicht gewachsen zu sein. Meist war er schweigsam, doch manchmal überkamen ihn Wutanfälle, bei denen er zur Unflätigkeit neigte. Durch die Tatsache, dass seine Großmutter Thronfolgerin der Niederlande war, fühlte er sich doppelt belastet. Sollte sie sterben, würde er Kronprinz der Niederlande werden. Und wenn der jungen Wilhelmina etwas zustoßen sollte, müsste er den niederländischen Thron besteigen. Es sei denn, er wählte den Thron von Sachsen-Weimar-Eisenach. Dann müsste sein Bruder Bernhard das Königreich der Niederlande übernehmen, denn es war verfassungsrechtlich verboten, als amtierender Fürst beide Kronen zu tragen.

Welmys Bruder blieb bei alledem heiter und sorglos. Er war zwar zierlich, jedoch sportlich und energiegeladen, immer fröhlich und zu allen freundlich, sodass er sich großer Beliebtheit erfreute. Sophie sah, wie unbeholfen ihr Enkel war. Zum Ärgernis seines Großvaters sprach er noch nicht einmal Französisch, die Hofsprache. Die Großherzogin betete, dass sie noch lange leben möge, damit sie in der Lage wäre, die Geschicke der Dynastien in gute Bahnen zu lenken.

Bei den Romanows in Sankt Petersburg kam es zu der gleichen Tragödie. Drei Tage vor Carl August war Zar Alexander III. gestorben. Der 26-jährige Sohn, der als Zar Nikolaus II. die Regierung des riesigen Reichs übernehmen sollte, war in Tränen ausgebrochen. In prophetischer Verzweiflung wandte er sich an seine Schwester Olga mit der Frage, was aus ihnen allen werden solle.

Pauline, Carl Augusts Witwe, verbrachte den Winter in Ägypten. Alle repräsentativen Verpflichtungen lagen beim großen Hof, der nach wie vor von der alten Großherzogin Sophie geführt wurde. Puttkamer sah, dass Sophie als Mutter bis ins Mark getroffen war. Doch ihr Lebenswerk war noch nicht abgeschlossen: Goethes Erbe musste für die Zukunft sichergestellt werden. Das hatte sie Walther versprochen; das hatte sie der Welt

Das *Viletta* (Goethes Gartenhaus), in das sein Enkel Walther sich oft zurückzog, wurde von Carl Alexander scherzhaft dessen »Blaubartshof« genannt.

versprochen. Noch gab es das Goethe- und Schiller-Archiv nur auf dem Papier, und Goethes handgeschriebenen Gedichte wurden im großherzoglichen Schloss gelagert.

Jetzt, wo ihr einziger Sohn gestorben war, musste Sophie ihr Testament ändern. Den ganzen Winter arbeitete sie gründlich an diesem Dokument. Niemand wusste, was auf den großen Papierbögen stand. Praktische Dinge und solche des Herzens wurden gegeneinander abgewogen. Das testamentarische Œuvre schien nie fertig werden zu wollen. Es lagen bereits über 60 Seiten auf ihrem Schreibtisch. Sie hüllte sich darüber in Schweigen. Genau wie Walther über sein Testament geschwiegen hatte. Als die Zeit der Volltrauer zu Ende war, fühlte sie, dass es Zeit wurde, das Werk zum Abschluss zu bringen. Sie wartete noch und wusste in ihrem tiefsten Inneren, worauf. Dann brach der 22. März an, Goethes Todestag. In seinem Garten blühten die Narzissen. 53 Jahre zuvor war er dort hinterm Fenster gestorben. Am 22. März 1895 setzte Sophie ihre Unterschrift unter ihr Testament.

LUDWIG RASCHDAU

Mit dem Hof waren rund hundert Höflinge verbunden. Alle stammte aus respektablen alten Adelsfamilien. Als der deutsche Kaiser seinen neuen Botschafter Ludwig Raschdau an den Weimarer Hof schickte, empfing Carl Alexander ihn in großer preußischer Generalsuniform, umringt von seinen Ministern. Der Botschafter gedachte in seiner Rede des verstorbenen Erbgroßherzogs und überhändigte seine Papiere. Abends notierte der Gesandte in seinem Tagebuch, der Großherzog sei bürgerlichen Vertretern gegenüber voreingenommen, die Großherzogin hingegen sei auffallend liebenswürdig und sehr freundlich gewesen.

Abgesehen vom Personal hatte der Großherzog noch nie Bürger in die königlichen Räumlichkeiten des Schlosses eingelassen. Wenn ein Anlass den Empfang bürgerlicher Gäste erforderte, wurden diese ins Wittumspalais geladen. Da Wilhelm II. ihm diesen Raschdau als kaiserlichen Botschafter sandte, blieb dem Großherzog nichts anderes übrig, als ihn zu akzeptieren.

Der Geburtstag des Kaisers wurde in Weimar mit allerlei Feierlichkeiten begangen, denen ein Diner voranging. An der Tafel wurde Raschdau der Platz neben der Großherzogin zugeteilt, die vor sich hinstarrte und mit den Gedanken woanders war. Sie habe jedoch im Nachhinein eine Hofdame gebeten, Raschdau ihren Dank auszusprechen, dass dieser während des Essens das Gespräch nicht habe abreißen lassen. Es sei unangenehm, diese Aufgabe immer selbst übernehmen zu müssen.

Mit der Zeit machte sich Raschdau mit den Beziehungen bei Hofe vertraut und hörte, wie über das Fürstenpaar gesprochen wurde. Die Großherzogin sei allgemein sehr angesehen, vor allem wegen ihrer Wohltätigkeit, aber auch wegen ihrer Klugheit. Sie sei jedoch seit einiger Zeit kränklich und sehe nur wenige Menschen. Das übertrieben fürstliche Verhalten des Großherzogs überzeugte Raschdau davon, dass Carl Alexander in einer Wahnwelt lebte. Besucher aus dem Ausland verspotteten ihn. Dank des pragmatischen Eingreifens seines Adjutanten Palézieux wurden viele Fauxpas vermieden.

Die Großherzogin verließ sich auf Palézieux. Sie fürchtete sich vor dem Tag, an dem der Adjutant den Hof verließe, um seine Talente anderweitig einzusetzen. Dann würde Carl Alexander rettungslos in der Menge der Schmeichler und Glücksjäger, die nur auf sein Geld und seine Gunst aus waren, untergehen.

Zitta und Heinrich VII. hatten zusammen eine Rom-Reise unternommen, während die Großeltern zu Hause auf ihre Kinder aufpassten. Als Kaiser Wilhelm II. die Wartburg besichtigte, waren sie auf Schloss Trebschen geblieben. Die Konfrontation wäre zu unangenehm geworden. Sophie grüßte den eitlen Kaiser, der nie zu vermelden vergaß, dass er – genau wie sie und Königin Wilhelmina – von Prinz Wilhelm dem Schweiger abstamme. Sobald der lärmende Fürst mit seinem kaiserlichen Gefolge wieder abgereist war, bereitete sie sich auf ihre alljährliche Den-Haag-Reise vor. Trotz ihrer Gesundheitsprobleme bestand die Großherzogin darauf, im Anschluss nach Helgoland zu fahren, um Zeit für sich selbst zu haben. Bei ihrer Rückkehr wollte sie den Bau ihres Goethe- und Schiller-Archivs betreuen, das im nächsten Jahr fertiggestellt werden sollte. Dann würde der Umzug der Bücher und Manuskripte beginnen. In Gedanken war sie fortwährend bei den *Sophien-Ausgaben* und diktierte Briefe an die Leiter ihrer Einrichtungen.

Wanda von Puttkamer begleitete die Großherzogin nach Cuxhaven, wo der vertraute Raddampfer »Cobra« vor Anker lag, um sie nach Helgoland überzusetzen. Als sie einen Monat später wieder ablegten, wandte sich Sophie noch einmal um. Ihrer Hofdame wurde klar, dass es ihre letzte Reise nach Helgoland gewesen war. Zum ersten Mal hatte die Insel ihr keine Genesung gebracht. Erschöpft erreichte sie Weimar und fuhr sofort zur Baustelle am anderen Ufer der Ilm. Auf gewaltige Mauern gestützt erhob sich dort auf der Terrasse das monumentale, 38 Meter lange Gebäude. Sie unterhielt sich mit dem Baumeister über die Materialkosten. Die Außenseite, die noch eingerüstet war, bestand aus verschiedenen Arten gewöhnlichem und teurerem Sandstein aus der Umgebung. Für die vier korinthischen Säulen des Mittelrisalits wurde der teurere Qualitätssandstein aus Berka verwendet. Die fast fünfeinhalb Meter hohen und 80 Zentimeter dicken Säulen musste aus einem Stück gehauen werden. Das erste deutsche Literaturarchiv diente noch häufiger als Vorbild, seine Lage blieb jedoch unübertroffen.

Müde, aber zufrieden kehrte sie von der Baustelle zurück ins Stadtschloss, um ihren anderen Pflichten nachzukommen. Während sie sich auf ihre gewohnte Herbstreise nach Heinrichau vorbereitete, erfüllte sie ihre repräsentativen Verpflichtungen bei Diners und Empfängen. Meist starrte sie nur kühl und schweigsam vor sich hin. Doch wenn das Gespräch sie

Das Wittumspalais, in dem bürgerliche Gäste untergebracht wurden,
da Carl Alexander diese nicht in den königlichen Schlossräumen empfangen wollte.

interessierte, äußerte sie vor der Hofgesellschaft so deutlich ihre Meinung, dass danach niemand mehr etwas hinzuzufügen wagte.

Der kaiserliche Gesandte Raschdau, der Anfang September aus Berlin zurückgekehrt war, erzählte der Großherzogin, wie stark den Kaiser die Politik in Südafrika beschäftige. Er war erstaunt, wie gut die Großherzogin sich in den südafrikanischen Angelegenheiten auskannte und erklärte sich diesen Umstand mit der Rolle, den ihre holländischen Landsleute dort spielten.

TYPHUS

Die Reise nach Heinrichau war ihr noch nie so schwergefallen. Gestützt auf den Arm ihrer Hofdame stieg sie mühevoll die breiten Klostertreppen hinauf, die in ihre Appartements führten. Dort fiel sie auf ihr Bett und wurde von Bauchkrämpfen und so hohem Fieber überfallen, dass ihr Leibarzt Dr. Pfeiffer sich größte Sorgen machte. Sophie erkannte die Symptome ihrer Krankheit: Sie hatte Typhus. Als Kind hatte sie auf Zorgvliet die tödlichen Fieberanfälle ganz allein überwunden. Jetzt versuchte sie, ihr Personal von ihrem Bett fernzuhalten, was nicht gelang. Pfeiffer schickte der Oberin des Sophienhauses eine Nachricht, die mit ihren besten Krankenschwestern sofort die Reise nach Schlesien antrat, um die Großherzogin höchstpersönlich zu versorgen.

Ihr Diener Hase war schon erkrankt und erschien nicht mehr an ihrer Seite. Als er wenige Tage später dem Typhusfieber erlag, verschwieg man dies der Kranken. In lichten Momenten verbot sie den Menschen in ihrer Umgebung, etwas über ihren Zustand nach draußen zu tragen. Doch die Zeitungen hatten die Neuigkeit schon verbreitet. Als Sophie davon erfuhr, ließ sie sofort die Meldung verfassen, dass sie sich gerade von einer leichten Unpässlichkeit erhole. Sogar der Tod, der sich ihrem Bett näherte, schien vor der Willenskraft der kleinen Frau zurückzuschrecken.

Am 11. November wurde in Weimar bekannt gegeben, dass die Großherzogin an Typhus leide und sich vorübergehend in Schlesien aufhalte, um sich zu erholen. In der Zeitung stand, es hingen viele Interessen Weimars an diesem Leben, und manches werde sich nach ihrem Tod ändern und nicht zum Besseren, da ihre umfassende Mildtätigkeit schwerlich fortgesetzt werden würde.

Carl Alexander wusste kaum, wie er sich unter den gegebenen Umständen verhalten musste. Raschdau, der ihn schon fast ein Jahr beobachtete, notierte, die Beziehung zum Gatten sei äußerlich korrekt, mehr nicht. Sophie verspürte kein Bedürfnis, ihren Mann wiederzusehen. Sie wusste, wie sehr ihn Krankheit anekelte und wie sehr er sich vor Ansteckung fürchtete. Sie habe sich bemüht, ihn von Heinrichau, wo sie sich aufhielt, fernzuhalten. Ihre schwere Krankheit riefe sie jetzt nach Schlesien, doch sein häufiges Fragen nach ihrem Befinden mache sie nervös. Und so sei er geradezu weinend nach Italien abgereist, wo er seiner Lieblingsbeschäftigung nachgehe, nämlich anderen Menschen die Museen von Florenz zu zeigen.

Es folgte ein milder, sonniger Herbst, in dem Sophie langsam wieder genug zu Kräften kam, um das Krankenbett verlassen zu können. Der Arzt sollte verhindern, dass sie allzu schnell wieder die Leitung der Landgüter übernahm. Ihre Gedanken schweiften oft zu Goethes Werken, die sie ans Leben banden. Inzwischen wurde in Weimar am Interieur des Archivs gearbeitet, das im Sommer fertig werden sollte. Sie korrespondierte mit ihrem Hofrat Ruland über die Einteilung der Räume. Dieser verriet dem neugierigen Gesandten aus Berlin gerne pikante Details. So erzählte er ihm, im Archiv lägen noch manche Schätze von und über Goethe, die die hohe Frau nicht für druckfähig halte. Sogar die *Römischen Elegien* hatte sie nicht veröffentlichen wollen, doch das sei auch nicht nötig, denn die seien schon gedruckt. Es gebe jedoch noch manche Dinge, die die Leserschaft erschrecken würden.

Der geschickte Raschdau schätzte die Großherzogin. Aus Bewunderung für ihre Herkulesleistung machte er sich auf die Jagd nach den Briefen, die Goethe Charlotte von Stein geschrieben hatte. Die Großherzogin brannte darauf, diese zu besitzen. Die vollständige Korrespondenz wurde für sehr viel Geld zum Kauf angeboten. Sophie befürchtete, dass ein fanatischer Sammler sie erstehen würde und sie für immer nach Amerika verschwände.

Auf einmal machte die unwahrscheinliche Meldung die Runde, dass die Großherzogin sich wieder in Weimar aufhalte. Dabei kamen die Dampfzüge auf den eingeschneiten Schienen kaum voran. Sophie hatte deshalb den Großteil der Strecke mit dem Schlitten zurückgelegt, warm eingepackt in dicke Decken mit einer Wärmflasche an den Füßen, die ihre Hofdame bei jeder Herberge aufs Neue mit kochendem Wasser füllte. Nachts erklang das Heulen der Wölfe immer öfter und immer näher. Sie war froh, als sie endlich die Lichter von Weimar in der Morgendämmerung entdeckte. Der Bürgermeister der Stadt ließ auf ihr Geheiß hin verlautbaren, die hohe Dame sei wohlbehalten angekommen, jedoch von der Reise ermüdet.

Die Großherzogin nahm sich Zeit, um in ihren Räumlichkeiten anzukommen, ihre Korrespondenz abzuarbeiten und ihren Haushalt wieder in den Griff zu kriegen. Sie gelte allgemein als geistig starke Frau, beschäftige sich jedoch häufig mit Detailfragen und werde trotzdem betrogen, schrieb

Raschdau, dem zu Ohren gekommen war, dass ihr Personal Wild und andere Lebensmittel aus der Küche stahl, und alle davon wussten außer der Großherzogin selbst. Aber sie sei sehr selbständig und selbstgenügsam. Als der Großherzog am 13. Dezember aus Rom zurückkehrte, saß seine Frau in ihrer Blauen Bibliothek und arbeitete, als ob nichts geschehen wäre.

Kurz vor dem Jahreswechsel verstarb überraschend Graf Leo Henckel von Donnersmarck. Er war der letzte alte Freund des Großherzogs gewesen, wie Raschdau berichtete, aber dieser wolle von traurigen Dingen nichts wissen, sei am Abend des Todestages im Theater gewesen und habe herzlich gelacht, was in der Gesellschaft einen schlechten Eindruck gemacht habe.

Da es 1896 genau 25 Jahre her war, dass man Wilhelm I. im Versailler Spiegelsaal zum Kaiser des neuen Deutschen Kaiserreichs ausgerufen hatte, versuchte Wilhelm II. in Berlin ein großes Fest auszurichten. Dieser Plan scheiterte jedoch wegen schlechter Organisation. Stattdessen erschienen überall in den Schaufenstern neue Porträts des Kaisers, auf denen er verschiedene preußisch, englisch und schottisch dekorierte Uniformen trug. Der wilde Ausdruck, den der Kaiser auf den Bildern angenommen hatte, solle der des Herrenmenschen sein. Nie habe man gehört, dass Männer solchen Formats, wie Friedrich der Große, Napoleon oder auch Bismarck, einen solchen, ihnen sonst fremden Ausdruck angenommen hätten, schrieb Raschdau erstaunt.

Anlässlich des Jubiläums des Kaiserreichs besuchte der junge Erbgroßherzog den Berliner Hof. Dort wurde er eines Morgens in seinem Appartement mit einer Zeremonie überrumpelt. Der Kaiser höchstpersönlich erschien, seinen kurzen, gelähmten Arm unter einem weiten Cape verborgen. Er nahm eine Medaille von einem Samtkissen, das ihm ein Höfling reichte, und während Wilhelm Ernst errötete, verkündete er hochtrabend, er lege ihm den Schwarzen Adlerorden zu Füßen. Carl Alexander wies verärgert darauf hin, sein 19-jähriger Enkel habe noch nichts geleistet und verdiene eine solche Ehre nicht. Noch mehr verstimmte ihn, dass Wilhelm II. Großherzogin Sophie den Wilhelmsorden verleihen wollte. Als der Großherzog Raschdau diese Neuigkeit mitteilte, ließ er sich deutlich anmerken, wie ungehalten er war, weil seine Frau den Orden erhielt, den er selbst verdient habe.

Auf Anweisung gab Raschdau anlässlich des Geburtstags des Kaisers in der Botschaft ein Diner für 130 Personen. Die Großherzogin zeigte sich an jenem Abend scheinbar hochmütig, wie man es von ihr gewöhnt war.

Doch der Botschafter und seine Frau kannten Sophie inzwischen besser. Einige Tage zuvor hatte sie sie erstmals zu sich zum Essen eingeladen: Sie habe sich große Mühe gegeben verbindlich zu sein. Sie sei sehr korpulent geworden. An ihrem Urteil über Literatur merkte er, dass sie in ihrem langen Leben viele Bücher gelesen haben musste.

Im April kamen der Fürst und die Fürstin Reuß zu Besuch nach Weimar. Raschdau fiel auf, dass der Großherzog sich auch nach all den Jahren noch nicht mit Zittas Partnerwahl versöhnt hatte. Er habe den Prinzen wie einen Halbfremden behandelt. Er habe die Prinzessin für den Kaisertag auf die Wartburg eingeladen, ihren Gatten jedoch nicht, und es sei zu einer Szene zwischen ihr und ihrem Vater gekommen. Daraufhin sei sie ausgeladen worden. Heinrich VII. wusste sich zu beherrschen. Er erwies seinem Schwiegervater den Respekt, den er ihm als Großherzog schuldig war. Er erhalte von den Eltern einen jährlichen Zuschuss von nur 50 000 Mark, wusste Raschdau zu vermelden. Da der Prinz außer seinem Ruhegehalt nur ein geringes Einkommen genieße, heiße es sparen.

Im Frühjahr reiste Carl Alexander mit seinem Enkel Wilhelm Ernst nach Moskau, um dort der Krönung von Zar Nikolaus II. und Zarin Alexandra beizuwohnen. Sophie drückte Palézieux, der sie begleitete, aufs Herz, den Großherzog im Auge zu behalten. Der junge Zar schleppte sich am 20. Mai wie ein Verurteilter zum Kreml, wo ihm, vom Weihrauchdunst und den stundenlangen Gesängen der orthodoxen Priester übel, die schwere Zarenkrone aufs Haupt gedrückt wurde. Der Großherzog von Weimar gab sich alle Mühe, für Wilhelm Ernst eine Ehe mit einer Großfürstin aus dem Hause Romanow zu arrangieren. Doch da Welmy, der nicht einmal die Hofsprache Französisch beherrschte, keine interessante Partie war, kehrten sie enttäuscht nach Weimar zurück. Sophie hegte keine hohen Erwartungen mehr.

Über die Ehen ihrer Kinder sagte sie einmal zur Gräfin Watzdorf, sie seien dafür gestraft worden, dass sie sich über ihre Sphäre hätten erheben wollen. Jetzt strebte sie nur noch nach der Vollendung ihres Archivs, das im Dienste der Literatur die kulturelle Ausstrahlung Weimars aufrechterhalten sollte. Der Festakt sollte der Höhepunkt ihres Lebens werden.

ERÖFFNUNG DES GOETHE- UND SCHILLER-ARCHIVS

Am 28. Juni 1896 fuhren die Großherzogin und ihr Gemahl unter dem Läuten der Stadt- und Kirchenglocken den Hügel an der Ilm hinauf. Ihre Töchter mit ihren Männern und der Erbgroßherzog mit seinem Bruder folgten in einer zweiten Kutsche. Als sie beim Archiv ankamen, schwangen die schmiedeeisernen Torflügel vor ihnen auf. Der Künstler, der das Tor gestaltet hatte, hatte sich bei seinem Entwurf herausgenommen, die Initialen der Stifterin des Archivs in ihm verarbeiten zu wollen. Doch als Sophie dies bemerkte, hatte sie das »S« in den Skizzen wütend durchgestrichen. Es erschien ihr völlig unnötig, dass ihr Name am Archiv zu finden sein sollte. Auch für ein Standbild oder auch nur eine Büste konnte sie sich nicht erwärmen. Diese Form der Selbstverherrlichung gehörte nicht in einen Raum, der für die Literatur erschaffen worden war.

Als sie das Vestibül betrat, fühlte sie die angenehme Symmetrie, die im gesamten Gebäude durchgehalten wurde. Sie stieg die Treppe hinauf, die zur wichtigsten Etage führte. Der Chor der Weimarer Musikschule stand beim Hoforchester, das an der Balustrade entlang Platz genommen hatte. Die Steinwände des Treppenhauses sorgten für eine gute Akustik. Der Eingang zum Handschriftensaal wurde von Büsten von Goethe und Schiller flankiert, Arbeiten des Bildhauers Carl Rumpf. Er hatte den beiden Dichtern dieselbe Kleidung gegeben, die sie auch auf dem bronzenen Denkmal auf dem Theaterplatz trugen.

Die Großherzogin wurde von Gästen erwartet, die sie höchstpersönlich handverlesen hatte: Vertreter der Goethe-Gesellschaft, Mitglieder der *Schillerstiftung* und der Deutschen Shakespeare-Gesellschaft, Schriftsteller und Nachkommen von Schriftstellern, die ihr Manuskripte anvertraut hatten. Durch die Fenster fiel das Sommerlicht auf das elfenbeinweiße Interieur. Die Einrichtung der Säle war hell und schlicht, damit den Manuskripten in den Tischvitrinen alle Aufmerksamkeit zuteilwurde.

Bernhard Suphan hieß seine hohe Gästin und ihre Familie mit einer Ansprache willkommen, in der er die Entstehungsgeschichte des Archivs in Erinnerung rief. Über ein halbes Jahrhundert lang hätten Goethes Manuskripte in den Zimmern und auf dem Dachboden seines Hauses am Frauenplan

Das Goethe- und Schiller-Archiv, Deutschlands erstes Literaturarchiv, in dem auch der Sophie anvertraute Nachlass von Wieland, Herder, Hebbel und Mörike aufbewahrt wird

gelegen. Jetzt hätten sie endlich einen sicheren Aufbewahrungsort gefunden. Unter Sophies wohlwollendem Blick betonte Suphan, dass Wachstum und stete Erweiterung der Lebensatem einer Sammlung, eines Museums, eines Archivs seien. Er nannte die modernen Schriftsteller wie Friedrich Hebbel und Eduard Mörike, deren Nachkommen der Großherzogin Briefe, Tagebücher und Manuskripte geschenkt hatten. Und es würden noch weitere Schätze für ihr Goethe- und Schiller-Archiv folgen, das das erste Literaturarchiv in Deutschland war.

Dirigent Müllerhartung nahm seinen Platz vor dem Chor und dem Orchester ein. Die Instrumente wurden gestimmt und dann erschallte die *Ode an die Freude* aus Beethovens *9. Symphonie*, ein Höhepunkt der Freude und des Triumphs, so nah an Schillers vererbten Handschriften.

Nachdem der Jubel verklungen war, folgten noch zwei weitere Reden. Einen wichtigen Moment stellte die Überreichung eines Geschenks an die Großherzogin dar. Erich Schmidt, der frühere Direktor des Archivs, trat auf sie zu und händigte ihr den langersehnten Briefwechsel von Goethe mit Charlotte von Stein aus. In sieben Teilen gebündelt. Sie drückt die Briefe an die Brust. Sophie hasste es, in der Öffentlichkeit Reden zu halten, weil sie sich ihrer stockenden Sprechweise bewusst war. Doch nun hielt sie spontan eine improvisierte Ansprache, in der sie allen kurz, jedoch aus tiefstem Herzen dankte. Während Applaus aufbrandete, nahm sie wieder auf ihrem Stuhl Platz und faltete die Hände im Schoß. Sie wusste, was nun kommen würde. Es trat eine Stille ein, gefolgt von einem Rascheln. Der Chor stellte sich vor das Orchester und schlug seine Partituren auf. Dann erklangen die gewaltigen Akkorde der *Faust-Symphonie*, der *Chorus Mysticus*, der ihre Haut vor Rührung prickeln ließ.

Alles Vergängliche
Ist nur ein Gleichnis;
Das Unzulängliche,
Hier wird's Ereignis;
Das Unbeschreibliche,
Hier ist's getan;
Das Ewig-Weibliche
Zieht uns hinan.

Die Anwesenden ließen sich von der Magie der Sprache verzaubern, der Robert Schumann eine Melodie gegeben hatte. Worte, die ein Geheimnis berührten, so nahe, dass das Publikum die Großherzogin ehrfürchtig und furchtsam ansah. Nach dem Schlussakkord blieb es lange still, bis der Applaus der Verzauberung ein Ende machte. Der unergründliche Goethe sorgte aufs Neue für Verwirrung. Eine Verwirrung, die sich in Verzückung verwandelte. Skeptiker hatten sich oft gefragt, ob Goethe wohl selbst verstanden habe, was er mit »das Ewig-Weibliche« gemeint hatte. Führte er seinen Stift durch den Nebel eines guten Glases Wein oder saß er wie eine seiner bizarren Kreaturen auf der Schwelle zur Unterwelt und hielt die Sterblichen zum Narren? Die Großherzogin wusste, dass Goethe in seinem Werk lebendig bleiben und immer wieder für Meinungsverschiedenheiten sorgen würde.

Sie stand auf, bewegte ihren Fächer und durchschritt mit ihrem Gefolge den mittleren Saal. Sie führte ihre Gäste zu den Handschriften unter Glas und gab zu jeder Tafelvitrine Erklärungen. Dann begab sie sich mit Schillers Enkel und Urenkel zu zwei marmornen Gedenktafeln, die unter den Worten »Zu ewigem dankbarem Gedächtnis« an den Wänden neben den

Balkontüren angebracht waren. Auf der einen standen in goldenen Lettern die Anfangszeilen von Walther von Goethes Testament, in dem er das goethesche Familienarchiv Ihrer Königlichen Hoheit, der Großherzogin von Sachsen vererbte. Auf der anderen waren die ersten Zeilen des Dokuments zu lesen, in dem Freiherr Ludwig von Gleichen-Rußwurm und sein Sohn der Großherzogin Schillers literarisches Erbe schenkten. Es war der einzige Ort im ganzen Archiv, an dem Sophies Name vermeldet wurde.

Bei der Eröffnung durften die geladenen Gäste auch die Bibliothek, das Büro des Direktors und ihr eigenes Arbeitszimmer betreten, um einen guten Eindruck des Gebäudes zu ermöglichen, das allen gehören würde. Eine Wendeltreppe führte in die obere Etage, in der sich noch weitere Studierzimmer befanden. Die Großherzogin erklärte die Wahl des Mobiliars und beantwortete alle Fragen. Am Ende der Feier war sie sehr erschöpft, doch das merkten nur ihre Töchter, die ihr nach der Heimkehr ins Schloss empfahlen, früh zu Bett zu gehen.

In den folgenden Wochen war ihr Schreibtisch mit Zeitungen und Zeitschriften aus dem In- und Ausland bedeckt. Die eine Zeitung nannte das Goethe- und Schiller-Archiv eine »Geistesburg«, die andere eine »Zitadelle der Kunst«. Die *National-Zeitung* vom 5. Juli 1896 berichtete, dass neben den zwei Häusern des deutschen Volkes, dem Reichstag in Berlin und dem Reichsgericht in Leipzig, jetzt als Zeichen des Nationalbewusstseins auf dem hohen Ufer der Ilm gegenüber dem Weimarer Schloss das Archivgebäude stehe. Wie schon die Tempel und Heiligtümer der Hellenen spreche es eine wortlose und doch begreifliche Sprache zum ganzen Volk von der höchsten bis zur niedrigsten Schicht. Ein religiöses Blatt ging so weit, Großherzogin Sophies Schöpfung als »ein lebendes Evangelium« zu bezeichnen.

Die Neuigkeit erreichte sogar die Neue Welt. In *The Chicago Times Herald* erschien am 25. August ein siebenspaltiger Artikel unter der Überschrift *Magnificent Building Erected at Weimar to Receive the Goethe-Schiller-Archives and Other German Literary Treasures* (»Prächtiges Gebäude in Weimar erbaut, in dem das Goethe- und Schiller-Archiv und andere Literaturschätze untergebracht sein werden«). Darin wurde Sophies Leistung ausführlich gepriesen: Das Ganze dürfe zurecht das Pantheon der deutschen Literatur genannt werden – es sei einzigartig und das wertvollste der gesamten Literaturgeschichte.

ZUM LETZTEN MAL IN SOESTDIJK

Im Juli begleitete Carl Alexander seine Frau auf ihrem jährlichen Besuch in die Niederlande. Er beschloss, seine Teilnahme bei feierlichen Empfängen weitgehend einzuschränken und ließ im luxuriösen Hotel Orange am Strand von Scheveningen schon mal Zimmer für sich selbst und ein kleines Gefolge reservieren.

Ende Juli machte sich das großherzogliche Paar mit einem Gefolge von 18 Personen auf die Reise. Auch ihre Tochter Zitta sowie deren Töchterchen Sophie Renate, Elsy und Alby gehörten zur Reisegesellschaft. Sie reisten mit dem Zug bis zum kleinen Bahnhof von Baarn. Im komfortablen königlichen Warteraum ruhte Sophie sich aus und fand alles vor, um sich frisch zu machen. Das letzte Stück der Reise legten sie in Kutschen zurück. Die Fahrt führte sie über die vertrauten Wege mit den roten und grünen Buchen, bis sie den weißen Landsitz erblickten. Die Gaslampen an der Eingangstreppe leuchteten bereits. Wilhelmina und Emma bereiteten Sophie einen warmen Empfang im Palais Soestdijk, wo sie die Sommermonate verbrachten. Nachts schlief sie im Zimmer von Anna Pawlowna, ihrer verstorbenen Mutter.

Am nächsten Morgen war Wanda von Puttkamer von dem üppigen holländischen Frühstück mit verschiedenen Käsesorten, Eiern, Hering und goldgelber Butter überwältigt. Sie war zum ersten Mal in den Niederlanden und berichtete in ihren Memoiren von dem Palais, den Gärten, der prachtvollen Umgebung und den Königinnen. Es sei eine Wohltat gewesen zu sehen, mit welcher Freude die Großherzogin in ihrem Vaterland begrüßt werde. Noch lange nach ihrer schweren Krankheit habe sie viel Ruhe gebraucht, und die Einweihung des Archivs mit all ihren Anstrengungen und dem damit einhergehenden, unvermeidlichen Stress hätten ihr viel abverlangt, doch die Freude über das Wiedersehen ihres alten Vaterlands habe ihr sehr gutgetan.

Eines Morgens machten sie einen Spaziergang durch den berühmten Park von Schloss Soestdijk und standen plötzlich vor einem Denkmal für die Gefallenen der Schlacht von Waterloo. Sophie las den in Stein gemeißelten Namen ihres Vaters und war dankbar, dass seine mutigen Taten von 1815 unvergessen waren.

Die Königin-Regentin habe die Großherzogin sehr gerne. Und Großherzogin Sophie habe die Weisheit und das Können bewundert, mit dem die

Königin-Regentin die Geschäfte des Landes führte, schrieb Wanda. Schon bald hatte sie einen Überblick über die politische Lage. In den Niederlanden war man noch immer auf der Hut vor der militärischen Macht des Deutschen Kaiserreichs, das sich Holland einverleiben wollte, um über die Mündung von Vater Rhein zu herrschen. Dann würde im Hafen von Rotterdam eine deutsche Flotte gebaut werden können, sodass das Kaiserreich seine kolonialen Aktivitäten ausweiten könnte. Deshalb freute sich auch niemand über einen deutschen Thronfolger, noch dazu ein Familienmitglied des ehrgeizigen Kaisers Wilhelm II., den die britische Presse *The crazy emperor* nannte. Alle Hoffnung ruhte deshalb auf Wilhelmina. Emma hatte ihr Bestes getan, um selbst hundertprozentige Holländerin zu werden und ihre Tochter als Königin dazu zu erziehen.

Sophie, die 35 Jahre älter war als Emma und über viel Lebenserfahrung verfügte, war ihr eine große Stütze. Sie waren gleichrangig, und die Königin-Regentin konnte ihr als einziger enger Verwandter völlig vertrauen. Die junge Königin habe ihre Tante, die Großherzogin, in einem kleinen Ponywagen, den sie selbst kutschierte, mitgenommen, wann immer sie dafür Zeit gehabt habe, schrieb Wanda. Sophie umrundete mit Wilhelmina den großen Teich, auf dem Brandgänse dümpelten und Wasserpflanzen dufteten, als sei kein Menschenleben vergangen, seit sie hier als Kind herumgelaufen war. Die Königin lenkte ihr Pony an den Rand des Parkwaldes, wo man ihr ein Spielhäuschen im Stil eines Chalets gebaut hatte. Nachdem Sophie keuchend die Stufen zur Veranda erklommen hatte, erblickte sie auf der anderen Seite des Teiches ihren kleinen, weißen Bauernhof. Dort scharrten keine Hühner mehr auf dem Hof und grasten keine Lakenvelder Kühe mehr, und auch Frau Koele stand dort nicht mehr auf ihren Holzschuhen parat. Die Bäuerin war in ihr Dorf zurückgekehrt.

Am 2. August, dem Tag, an dem Königin-Regentin Emma ihren 38. Geburtstag feierte, kamen alle deutschen Verwandten nach Soestdijk, um ihr zu gratulieren. Man habe mit einem großen Diner gefeiert, die Tafel habe wunderschön ausgesehen, denn sie sei mit goldenen Tellern und goldenem Besteck gedeckt gewesen, schrieb Wanda von Puttkamer, die von dieser Üppigkeit beeindruckt war. Der Aufenthalt auf Soestdijk dauerte 14 Tage. Danach brach die Gesellschaft nach Den Haag auf, wo Sophie ihren Einzug in Buitenrust nahm, das von den Bewohnern in der Nachbarschaft immer noch »das Palais der Einsamkeit« genannt wurde.

Carl Alexander amüsierte sich in Scheveningen. Sophie jedoch, die sich einen Tag freinahm, um ihn zu besuchen, fühlte sich nicht mehr wohl zwischen den vielen Badegästen, Liegestühlen und Terrassen. An das ruhige, kleine Fischerdorf ihrer Jugend erinnerte nur noch wenig. Sie nahm Abschied von der Nordsee. Sie lud eine große Anzahl Maler und Kunstkenner nach Buitenrust zu einer Soirée ein. Alle kamen. Als der Abschied nahte, sagte Sophie zu Wilhelmina, sie hoffe, 1898, wenn die Königin 18 würde, dabei zu sein, wenn sie in der Nieuwe Kerk in Amsterdam gekrönt würde. Sie fuhren zum Bahnhof von Den Haag, und die Hofdame war nicht erstaunt, als die Großherzogin ankündigte, im nächsten Herbst wieder nach Heinrichau reisen zu wollen. Es hätte keinen Sinn gehabt, ihr diese lange Fahrt ausreden zu wollen, denn die Bedürfnisse der armen Bevölkerung wären für sie sowieso vorgegangen, notierte Wanda. Keine Minute ließ Sophie ungenutzt, sondern schrieb fortwährend Empfehlungen und Berichte. Die Arbeit sei ihr wichtiger als alles andere, und sogar, wenn sie das Zusammensein mit den ihrigen genieße, seufze sie doch heimlich über die verschwendete Zeit.

Am 8. Oktober traf Raschdau den Großherzog bei der Eröffnung eines Offizierskasinos in Weimar allein an. In seinen Memoiren schrieb der Gesandte, es sei gleichzeitig der Hochzeitstag des alten Herren gewesen, und er hätte ihn gerne bei seiner Gemahlin in Heinrichau verbracht. Doch diese habe ihm abgesagt. Er habe sich sehr nach seiner Frau gesehnt, doch sie habe allein sein wollen und dem Adjutanten den Befehl gegeben, ihren Mann auf Abstand zu halten.

Anfang November erinnerte alles an den tragischen Tod von Erbgroßherzog Carl August. Sophie wusste es zu schätzen, dass die Freunde des Erbgroßherzogs in jenem Jahr Geld zusammengetragen hatten, um von Carl Donndorf ein bescheidenes Denkmal anfertigen zu lassen. Die gut getroffene Büste von Carl August sollte an seinem Todestag, dem 20. November, in einer Grünanlage gegenüber dem Großherzoglichen Museum enthüllt werden. Der Großherzog benehme sich eigensinnig, vermerkte Raschdau. Als kürzlich die Büste seines verstorbenen Sohnes enthüllt wurde, habe er nicht dabei sein wollen und sogar versucht, seine beiden Enkel davon abzuhalten. Doch die hätten seinen Wunsch ignoriert und seien mit ihrer Mutter doch gekommen. Raschdau war perplex, als ein enger Freund des Verstorbenen ihm als Grund hierfür angab, der Großherzog habe seinen

Sohn immer wie eine große Null behandelt und finde ihn keines Monuments würdig.

»Sind wir ja eben deshalb da, um das Vergängliche unvergänglich zu machen.«
J. W. von Goethe

Nach ihrer Rückkehr nach Weimar verschanzte sich Sophie in ihren Appartements. Nur an hohen Festtagen zeigte sie sich noch an der Seite ihres Gemahls in der Öffentlichkeit. Als das neue Jahr anbrach, mussten natürlich Empfänge ausgerichtet werden, auf denen man sich ein glückliches Jahr 1897 wünschte. Froh, dass die Festtage vorbei waren, nahm die Großherzogin ihre Arbeit wieder auf. Jetzt, wo ein Band der *Sophien-Ausgaben* nach dem anderen aus der Druckerpresse kam, stimulierte sie das Verfassen von Teilstudien über Goethe.

In diesem Zusammenhang feuerte sie Frage nach Frage auf Raschdau ab. Habe Goethes politische Tätigkeit seiner Arbeit als Dichter im Wege gestanden? Betrachte Raschdau Goethes große Vielseitigkeit als einen Vor- oder Nachteil für dessen Entwicklung als Dichter? Raschdau antwortete bedacht, einerseits habe seine Vielseitigkeit den erstaunlichen Ideenreichtum seiner wichtigsten Werke ermöglicht, andererseits habe er dadurch viel kostbare Zeit für Dinge verschwendet, die andere genauso gut hätten tun können. Zur Erläuterung seiner Antwort führte er aus, dass sein jahrelanger Einsatz als engagierter Minister, eine Beschäftigung, die ihm selbst gar nicht mal so wichtig gewesen sei, ihn daran gehindert habe, dem deutschen Volk mehr mit seinem Genie im Einklang stehende Werke zu schenken.

Nichts fand Sophie schändlicher als Zeitverschwendung. Deshalb habe sie Raschdau einen Vorschlag gemacht. Sie habe ihn gefragt, ob er nicht Zeit und Lust habe, etwas über Goethes Arbeit als Minister von Weimar zu schreiben auf Basis der verfügbaren Dokumente, zu denen er unbeschränkten Zugang erhielte. Dieses Gespräch fand am 17. März statt. Die Pläne, Goethes politische Seite zu beleuchten, befeuerten ihren Arbeitseifer und hielten Sophie davon ab, in Erschöpfung und traurigen Gedanken zu versinken. Sie fand eine Zeile des Dichters, die für sie geschrieben zu sein schien: Nur ein Mensch, der sein ganzes Leben lang gearbeitet habe, könne sagen, er habe gelebt.

Der 18. März kam. Als der Frühling anbrach, gedachte sie Goethes Todestag, dem 22. März. Er hatte das Leben auf der Schwelle des Frühjahrs 1832 gelassen. Damals war Sophie knapp acht Jahre alt gewesen und hatte kaum Unterricht genossen. Jetzt lag ihr Schreibtisch voller Bücher und Papiere, und ihr Kopf war voller Wissen. Doch das Mysterium der Existenz war ihr rätselhaft geblieben. Sie lief am großen Spiegel ihrer Ankleide vorbei: »Da steh' ich nun, ich armer Tor, und bin so klug als wie zuvor.«

Ganz Deutschland bereitete sich in der Zwischenzeit auf die Gedenkfeier anlässlich des 100. Geburtstags von Kaiser Wilhelm I. vor. Dieser sollte groß gefeiert werden, mit Fahnen, Spielmannszügen, Ansprachen, der Enthüllung eines Denkmals. Die Großherzogin beschloss, sich in Berlin zu entschuldigen. Ihre Aufgabe lag in Weimar. Am 19. März hielt Sophie Raschdau an und erinnerte ihn an ihre dringende Bitte, sich in eine Studie über Goethes Karriere als Staatsminister zu vertiefen. Doch dieser hatte gerade andere Dinge als Goethe im Kopf, hatte er doch alle Hände voll zu tun mit dem nahenden Kaiserfest, das im Großherzogtum reibungslos verlaufen sollte.

Carl Alexander fiel auf, dass seine Frau nicht gut aussah. Er schien ernstlich in Erwägung zu ziehen, in Weimar zu bleiben. Sie gebot ihm jedoch, nach Berlin zu fahren. Bei einer so wichtigen Feierlichkeit durfte er als der älteste Bundesfürst nicht fehlen. Außerdem war sie nicht krank, sondern lediglich ein wenig erschöpft. Begleitet von Wilhelm Ernst reiste er ab. Sein Enkel würde im selben Jahr seinen 21. Geburtstag feiern, war ein erwachsener Mann geworden, dem nur noch ein wenig Selbstvertrauen fehlte, um sich als zukünftiger Fürst zu präsentieren. Seine Tochter Elsy hielt sich mit ihrem Gemahl bereits in Berlin auf. Sie wollte ihren Vater überraschen, indem sie beim Maskenball am Hof als ihre russische Großmutter Maria Pawlowna verkleidet erscheinen würde. Carl Alexander sprach immer laut und stolz von »seiner Familie«, den Romanows. Für Zar Nikolaus II. und seine Familie war der alte Onkel aus Weimar jedoch nur eine vage Figur. Und auch Sophie, einst das verwöhnte Patenkind von Zar Nikolaus I., war bei den Romanows fast vollständig in Vergessenheit geraten.

Am Gedenktag stand Großherzogin Sophie wie gewohnt früh auf. Sie war manchmal etwas kurzatmig. Einmal musste sie sich sogar auf den Arm ihrer Hofdame stützen. Ihre älteste Tochter war mit ihrem Mann an die Côte d'Azur gereist, um die Frühlingsonne zu genießen. Mittags bezogen die Weimarer Chöre unter ihrem Fenster Stellung. Sie gaben auf dem Schlossplatz mehrere Lieder zum Besten und sahen danach erwartungsvoll hinauf. Dr. Pfeiffers Warnungen zum Trotz lud die Fürstin den Bürgermeister und das Festkomitee daraufhin ins Schloss ein, um sich persönlich zu bedanken. Wie gewohnt unterhielt sie sich geraume Zeit freundlich mit den Herren. Als dic Gesellschaft gegangen war, winkte die Großherzogin den letzten Festbesuchern von ihrem Fenster aus hinterher.

Sie beschloss, sich in ihr Schlafgemach zurückzuziehen. Beim Verlassen des Saals habe sie noch einige Worte über die Feierlichkeiten in der preußischen Botschaft, wo die Hofdamen erwartet wurden, an sie gerichtet, schrieb Puttkamer. Sie habe über ihre Kleidung und einige Haushaltsfragen gesprochen und auf besonders innige Weise von ihr Abschied genommen. An der Tür ihrer Privaträume habe sie ihr die Hand zu einem letzten Kuss gereicht.

Sophie verbrachte eine ruhige Nacht. Am nächsten Mittag endete die Gedenkfeier mit einem großen Wandelkonzert in den Straßen. Gegen Abend erstarben die Klänge, und es senkte sich eine tiefe Stille über die Stadt. Um sieben Uhr nahm die Großherzogin eine leichte Mahlzeit ein und ließ sich an ihren Schreibtisch helfen, wo sie noch einige Einladungen durchsehen wollte. Um zehn vor halb neun wollte sie aufstehen, doch es schüttelte sie ein derart heftiger Hustenanfall, dass sie in ihrer Atemnot die Hände auf die Brust drückte und wieder in ihren Stuhl zurückfiel. Erschrocken holte Fräulein von Renesse den Hofarzt. Dr. Pfeiffer war sofort bei Sophie, konnte jedoch nichts mehr für sie tun. Der Tod hatte sich wie ein ungebetener Gast eingeschlichen. Die Großherzogin kehrte das Gesicht zur Wand und starb.

EPILOG

Großherzogin Sophies plötzlicher Tod traf die Geschichte des Weimarer Silbernen Zeitalters wie ein Paukenschlag. Die Autorität des Todes herrschte über das Athen an der Ilm. Wanda von Puttkamer hielt Totenwache. Bei Anbruch des Tages war sie noch immer hellwach. Zum letzten Mal nahm sie den Anblick ihrer Herrin in sich auf. Die Großherzogin habe sehr friedlich dagelegen mit einem Ausdruck der Erlösung. Das Morgenlicht sei auf ihre kluge und edle Stirn und die feingliedrigen Hände gefallen. In der Morgendämmerung habe sie eine Art Vision gehabt. Sie habe an den 22. März 1832 gedacht. Ein Zeitraum von 65 Jahren trenne fast bis auf den Tag genau das Sterbebett der Fürstin von dem Goethes in seinem Haus am Frauenplan.

Zwei Tage nach Sophies Tod schrieb Raschdau in sein Tagebuch, man werde sie im ganzen Land vermissen. In der Familie sei sie der Mann gewesen, und ihr Gemahl habe sich ihr unterworfen. Der Großherzog wünschte keine Kondolenzbesuche. Er wollte nur seine Töchter sehen. Raschdau sandte im Auftrag des Kaisers eine offizielle Nachricht ans Außenministerium, in der er die verstorbene Fürstin als außergewöhnliche, mental starke und großzügige Frau beschrieb. Das Großherzogtum Sachsen-Weimar-Eisenach habe außerordentliches Glück gehabt, dass es über ein Jahrhundert lang von bedeutenden Herrscherinnen regiert worden sei: von Anna Amalia, Luise, Maria Pawlowna und der jüngst verstorbenen Sophie. Diese habe ihr Vermögen auf königliche Weise investiert. Alles, was in der letzten Generation an Großem und Schönem in Weimar entstanden sei, verdanke man vor allem ihr. Am Oranier-Hof in Den Haag schrieb die Königin-Regentin und Verwandte, Sophie habe ihr wegen ihrer großen Gaben des Geistes und des Herzens unendlich viel bedeutet. Königin Wilhelmina nannte ihre Tante in ihren Memoiren eine »Landesherrin von besonderem Format«.

Am 29. März fand die Beerdigung statt. Raschdau holte den Kaiser vom Bahnhof ab. An diesem trostlosen Morgen zog die Trauerprozession vom großherzoglichen Schloss durch die Stadt zum Friedhof. Hinter dem Sarg gingen der Großherzog und sein Enkel Wilhelm Ernst. Nach einer kurzen Predigt in der Fürstengruft wurde der Sarg, der auf einer Platte gestanden hatte, unter leiser Orgelmusik abgesenkt. Als der Sarg in der Tiefe verschwunden war, setzte der Organist nach dem letzten Wunsch der Verstorbenen zu einem lauten und triumphierenden *Ein feste Burg ist unser Gott* an.

Große Trauer in Weimar: Die Beerdigung der Großherzogin Wilhelmina Sophie Marie Luise von Oranien-Nassau, Fotografie von Louis Held

In ihrem Testament hatte sie ihre Gedanken über den Tod formuliert. Von allen Augenblicken im Leben sei der, in dem die Seele das Leben verlasse, der wichtigste. Dieser Moment lag mittlerweile hinter ihr. Ihr letzter Wille ruhte noch ungeöffnet in einem sicheren Safe. Am 3. April scharte sich die vollzählige Familie an einer langen Tafel im großherzoglichen Schloss, wo das Testament von Großherzogin Sophie von Sachsen-Weimar-Eisenach, Prinzessin von Oranien-Nassau eröffnet wurde. Auch Raschdau war hierbei anwesend. Das Verlesen des Testaments dauerte über zwei Stunden.

Der Landgerichtspräsident begann zögerlich zu sprechen, denn die Handschrift erwies sich als schwer leserlich. Ihrem letzten Willen schickte die Großherzogin eine Nachricht an ihre Hinterbliebenen vorweg: »Alle, die ich je verletzt habe, bitte ich um Vergebung, und allen, die mich je verletzt haben, vergebe ich aus ganzem Herzen.« An den Großherzog wandte sie sich mit den traditionell üblichen Worten: »Meinem Gemahl danke ich aus tiefstem Herzen für all das Gute und das Glück, das er mir geschenkt hat.« Danach verlas der Landgerichtspräsident die liebevollen Worte, die sie an ihre Kinder und Enkelkinder und an Thüringen richtete: »Ich bin glücklich, dass ich mein Leben meinem Land widmen konnte. Möge Gottes Segen auf dem Großherzogtum ruhen.«

Raschdau schrieb, in Paragraph 1 habe sie die Gemälde, Möbel und andere Kunstschätze aus den Schlössern und Museen im Großherzogtum aufgelistet, die sie ihrem Mann hinterlasse, abgesehen von den Werken in den folgenden Paragraphen. Danach sei sie mit anderen Besitztümern fortgefahren und nicht mehr auf Carl Alexander zurückgekommen. All ihre Anlagen in Fonds im In- und Ausland fielen ihren Töchtern und Enkelkindern zu. Das Sophienhaus, das Sophienstift und das Kinderkrankenhaus in Bad Sulza konnten dank ihrer finanziellen Fürsorge nach ihrem Tod fortbestehen. Schloss Heinrichau in Schlesien und die dazugehörigen weitläufigen Ländereien hinterließ sie ihrem Enkel Wilhelm Ernst. Bernhard Carl erbte Schloss Racod und die Herrschaft Stenchewo in Posen. Ihre niederländischen Besitztümer – Zorgvliet, Rustenburg und Buitenrust sowie Grundstücke in Den Haag und Umgebung – erbten ihre Enkel zusammen. Die beiden Töchter erhielten alle Pelze und den Schmuck der Verstorbenen. Auf sechs Seiten hatte die Großherzogin ihre Juwelen beschrieben, alle Perlen, Diamanten, Smaragde und Rubine, die ein Vermögen wert waren. Zitta und Elsy wurden auch darüber hinaus großzügig bedacht. Die finanzielle Not auf Trebschen gehörte damit der Vergangenheit an.

Als das Goethe- und Schiller-Archiv erwähnt wurde, horchten alle auf. Es ging nicht, wie von allen erwartet, an Carl Alexander, den kenntnisreichen Literaturliebhaber, sondern auch diese Kulturschätze wurden dem schweigsamen Wilhelm Ernst zugeteilt, verbunden mit der Verpflichtung, die *Sophien-Ausgaben* fortzuführen, für die seine Großmutter einen Betrag vorgesehen hatte. Sogar der zukünftigen Frau von Wilhelm Ernst, die sich als Landesmutter für die Patriotischen Frauenvereine würde engagieren müssen, widmete die Großherzogin einen Paragraphen.

Plötzlich wechselte der Landgerichtspräsident vom Deutschen ins Französische. »Möge Gott mein geliebtes Heimatland und das Haus Oranien-Nassau für immer beschützen.« Der wichtigste Gegenstand, den die junge Königin Wilhelmina erhielt, war *Le sabre d'honneur*. Dieser Ehrensäbel hatte ihrem Vater Wilhelm II. gehört und war diesem vom Prinzregenten von England geschenkt worden. »Ich wünsche das Ihre Majestät diesen Säbel, den mein verstorbener Vater in der Schlacht von Waterloo geführt hat, bewahren möge.«

Emma und Wilhelmina erbten einige Familienschätze, von denen manche von den Romanows stammten oder Königin Wilhelmine von Preußen gehört hatten. Seufzend begann der Landgerichtspräsident nach fast zwei Stunden Vorlesen an Paragraf 42. In diesem dankte die Großherzogin Wanda von Puttkamer und bedachte sie mit einem Legat, mit dem sich die Hofdame eine selbständige Existenz aufbauen konnte.

Stille trat ein und niemand bewegte sich. Zu Carl Alexander schien nichts durchgedrungen zu sein. Zerstreut tastete er nach seinem Gehstock. In seinem Tagebuch schrieb Raschdau, der alte Herr sei wahrhaftig enterbt worden, habe das Testament jedoch sofort angenommen und seine Würde zu wahren gewusst. Die beiden Prinzen von Sachsen-Weimar sahen zufrieden aus, waren sie doch dank des Testaments ihrer Großmutter viel reicher als ihr Großvater.

Jetzt, wo die Hauptfigur die Bühne der Geschichte verlassen hatte, machte sich der Zeitgeist auf für den letzten, dramatischen Akt des Großherzogtums Sachsen-Weimar-Eisenach. Zu ihrer Hofdame hatte Sophie wiederholt gesagt, sie wolle viel lieber in der Erde unter den Bäumen auf dem Friedhof begraben als in der feuchtkalten, düsteren Fürstengruft. Da würde ihre ewige Ruhe bloß ständig von amerikanischen Touristen gestört, die die Sarkophage von Goethe und Schiller besichtigen wollten. Ihrem Wunsch wurde nicht entsprochen. Ihre Prophezeiung traf ein: Noch heute wird das Mausoleum der Fürstenfamilie von tausenden Touristen besucht. In der Nähe von Goethes Sarg steht der kleine, mit rotem Samt bezogene von Sophie, die auch im Tod eng mit ihm verbunden bleibt.

Anmerkungen

1 Goethes Enkel bezeichneten diesen als »Apapa«; https://www.dwds.de/wb/Opa [17.08.2023].

2 Goethe, Italienische Reise, Leipzig, 1914, S. 130; https://archive.org/details/goethesitalienis00goetuoft/page/4/mode/2up [17.08.2023].

3 Goethe, Italienische Reise, Leipzig, 1914, S. 141 https://archive.org/details/goethesitalienis00goetuoft/page/4/mode/2up [17.08.2023].

4 Nach *La dame blanche* von François-Adrien Boïeldieu.

5 Vgl. Detlef Jena: Maria Pawlowna, Großherzogin an Weimars Musenhof, 1999.

6 Das Tagebuch der Baronin Eveline von Massenbach, Hofdame der Königin Olga von Württemberg, 1987.

7 Das Tagebuch der Baronin Eveline von Massenbach, Hofdame der Königin Olga von Württemberg, 1987.

8 Letzlich sind aus Zeitgründen keine Fresken daraus geworden; http://www.goethezeitportal.de/wissen/enzyklopaedie/friedrich-preller-der-aeltere/friedrich-preller-odyssee-landschaften.html [17.08.2023].

Personenregister

Bibliografie

Archive

Anton-und Katharina-Kippenberg-Stifung / Goethe-Museum, Düsseldorf

Archiv der Weimar Zeitung, Stadtarchiv Weimar

Centrum voor familiegeschiedenis CBG (Zentrum für Familiengeschichte, früher Zentralstelle für Genealogie), Den Haag

Goethe-Nationalmuseum, Weimar

Großherzogliches Hausarchiv, Weimar

Historische Kring Baerne (Historischer Kreis Baerne), Baarn, Niederlande

Huisarchief Stichting Twickel (Hausarchiv der Twickel-Stiftung), Delden

Koninklijk Huisarchief (Königliches Hausarchiv), Den Haag

Koninklijke Bibliotheek (Königliche Bibliothek), Den Haag

Schiller-Museum, Weimar

Stadtarchiv Weimar

Thüringer Hauptstaatsarchiv Weimar

Literaturverzeichnis

Baerlocher, Jacques René/ Rudnik, Christa (Hg.): »Weimars Pflichten auf der Bühne der Vergangenheit«. Der Briefwechsel zwischen Großherzog Carl Alexander und Walther Wolfgang von Goethe. Schriften der Goethe-Gesellschaft. Bd. 73. Weimar 2010.

Böhlau, Therese von: *Alma von Goethe*, in: Bode, Wilhelm (Hg.), Stunden mit Goethe. Bd. 6. Berlin 1910.

Bouman, J. et al.: Gedenkboek Anna Pavlovna. Kampen 1965.

Brena, Jörg (geb. Georg Prinz zu Sachsen-Weimar-Eisenach): *Großherzogin Sophie von Sachsen-Weimar-Eisenach. Königliche Prinzessin der Niederlande, eine große soziale Frauengestalt des 19. Jahrhunderts*, in: Jaarboek Vereniging Oranje-Nassau Museum (heute Geschiedkundige Vereniging Oranje-Nassau). Apeldoorn 2000.

Cleverens, René: De Oranje-Erfopvolging rond de eeuwwisseling. Troonpretendenten en huwelijkskandidaten 1898–1909. Hilversum 1997.

Cleverens, René: Sire. Herinneringen aan Z.M. Koning Willem III en H.M. Koningin Emma. Souvenirs van C.H.F. Graaf Dumonceau adjudant en particulier-secretaris van Z.M. Koning Willem III. Hilversum 1989.

Colenbrander, Herman Theodoor: Willem II Koning der Nederlanden, Amsterdam 1938.

Coppens, Thera: Marie Cornélie. Dagboek van haar reis naar het hof te Sint-Petersburg 1824–1825. Amsterdam 2003.

Cowles,Virginia: The Romanovs, London 1971.

Deetjen, Werner: Auf Höhen Ettersburgs. Ettersburger Hefte I. Weimar 1993.

Disbrow, Edward Cromwell: Old Days in Diplomacy. Recollections of a Closed Century by the eldest daughter of the late Sir Edward Cromwell. London 1903.

Dmitrieva, Katja: *Auf den Spuren von Carl Alexander in russischen Archiven*, in: Ehrlich, Lothar (Hg.) / Ulbricht, Justus H. (Hg.): Carl Alexander von Sachsen-Weimar-Eisenach. Erbe, Mäzen und Politiker. Köln 2004.

Duyverman, J. P.: Uit de geheime dagboeken van Aeneas Mackay, dienaar des konings 1806–1876. Utrecht 1987.

Duyverman, J.P.: *Rond een Koninklijke nalatenschap, 1865*. in: Jaarboek Geschiedkundige Vereniging Oranje-Nassau (früher Vereniging Oranje-Nassau Museum). Apeldoorn 1992.

Fasseur, Cees: Wilhemina. De jonge koningin, Amsterdam 1998.

Fulford, Roger (Hg.): Darling Child. Private correspondence of Queen Victoria and the Crown Princess of Prussia 1871–1878. London 1976.

Gedenkschrift zur Erinnerung an den Grossherzog Carl Alexander und Führer durch die aus Anl. seines 100. Geburtstages v. 24. Juni bis 15. Okt. 1918 im Grossherzogl. Museum z. Weimar veranstaltete Gedächtnisausstellung. Weimar 1918.

Gersdorff, Dagmar von: Goethes Enkel. Walther, Wolfgang und Alma. Frankfurt 2008.

Goethe, Johann Wolfgang von: alle Werke.

Göhler, Rudolph (Hg.): Großherzog Carl Alexander und Fanny Lewald-Stahr in ihren Briefen 1848–1889. Bd. 1. Berlin 1932.

Golz, Jochen (Hg.): Das Goethe- und Schiller-Archiv 1896–1996. Beiträge aus dem ältesten deutschen Literaturarchiv. Köln 1996.

Graswinckel, D. P. M.: Het paleis Kneuterdijk in de loop der eeuwen. Amsterdam 1937.

Günzel, Klaus: Das Weimarer Fürstenhaus. Eine Dynastie schreibt Kulturgeschichte. München 2004.

Haasse Hella/Jackman, S. W.: Een vreemdelinge in Den Haag. Uit de brieven van Koningin Sophie der Nederlanden aan Lady Malet. Amsterdam 1984.

Hecht, Christian: Dichtergedächtnis und fürstliche Repräsentation. Der Westflügel des Weimarer Residenzschlosses. Architektur und Ausstattung. Ostfildern 2000.

Heuven-van Nes, Emerentia van: Essay. in: Kümmel, Birgit (Hg.) / Alfter, Dieter (Hg.): Emma Königin der Niederlande Prinzessin zu Waldeck und Pyrmont, Bad Arolsen 2008.

Hinterding, Erik: A small but choice collection. The art gallery of King Willem II of the Netherlands, Zwolle 1989.

Jackman, S. W.: Chere Annette: Letters from Russia 1820–1828: The Correspondence of the Empress Maria Feodorovna of Russia to Her Daughter the Grand Duchess Anna Paulowna, Stroud 1994.

Jackman, S.W.: Romanov Relations – the Private Correspondence of Tsars Alexander I, Nicholas I and the Grand Dukes Constantine and Michael with Their Sister Queen Anna Pavlovna 1817–1855, London 1969.

Jansohn, Christa: *So klug wie gütig, so gerecht wie mild. Zum 100. Todestag der ersten Protektorin der Deutschen Shakespeare-Gesellschaft, Großherzogin von Sachsen-Weimar, Königliche Prinzessin der Niederlande.* in: Shakespeare Jahrbuch 133, Weimar 1997.

Jena, Detlev: Das Weimarer Quartett, Regensburg 2007.

Jena, Detlev: *Großherzogin Sophie von Sachsen-Weimar-Eisenach. Dignität und Geschäftssinn,* in: Seemann, Hellmut (Hg.) / Valk, Thorsten (Hg.): Das Zeitalter der Enkel. Kulturpolitik und Klassikrezeption unter Carl Alexander. Jahrbuch Klassik Stiftung Weimar 2010, S. 105–120.

Jena, Detlev: Maria Pawlowna. Großherzogin an Weimars Musenhof. Wien 1999.

Katalog des Schlossmuseums Weimar. 2007.

Lucke, Hans: Großherzog Carl Alexander von Sachsen-Weimar. Ein Deutscher Fürst zwischen Goethe und Wilhelm II. Limburg 1999.

Matthiessen, Hayo: Hebbel. Hamburg 1970.

Meisner, Heinrich Otto (Hg.): Kaiser Friedrich III. Das Kriegstagebuch 1870/71. Berlin 1926.

Mertens, Frans / Hilde Van Loock Verberckmoes.: Karel Verlat-zaal. Geïllustreerde inventaris van schilderijen, tekeningen, etsen, beeldhouwwerk en archivalia (Inventar des Karel-Verlat-Saals mit u. a. deutschen Übersetzungen). Antwerpen 1978.

Möller-Christensen, Ivy York / Möller-Christensen, Ernst: Mein edler, theurer Großherzog! Briefwechsel zwischen Hans Christian Andersen und Großherzog Carl Alexander von Sachsen-Weimar-Eisenach. Göttingen 1998.

Oranien-Nassau, Wilhelmina von: Eenzaam maar niet alleen, Kampen 1959.

Pogwisch, Henriette von: Ottilie von Goethe. Tagebücher und Briefe von und an Ottilie von Goethe, herausgegeben von Heinz Bluhm, o. O. 1963.

Post, Bernhard / Werner, Dietrich: Herrscher in der Zeitenwende. Wilhelm Ernst von Sachsen-Weimar-Eisenach 1876–1923. Jena 2006.

Pöthe, Angelika: Carl Alexander. Mäzen in Weimars »Silberner Zeit«. Köln 1998.

Pöthe, Angelika: Schloss Ettersburg. Weimars Geselligkeit und kulturelles Leben im 19. Jahrhundert, Köln 1995.

Puttkamer, Wanda von: Der Hof von Weimar unter Großherzog Alexander und Großherzogin Sophie. Erinnerungen aus den Jahren 1893–97. Berlin 1932.

Raschdau, Ludwig: In Weimar als preussischer Gesandter. Ein Buch der Erinnerungen an deutsche Fürstenhöfe 1894–1897. Berlin 1939.

Schorn, Adelheid von: Das nachklassische Weimar. Zweiter Teil: unter der Regierungszeit von Karl Alexander und Sophie. Weimar 1912.

Smets, Irène: Liszt en zijn tijd. o. O. 1987.

Sophie von Sachsen-Weimar-Eisenach: Reisetagebuch. Thüringer Hauptstaatsarchiv Abt. XXVII Nr. 210. Weimar o. J.

Tamse, Coenraad Arnold: Sophie von Württemberg Koningin der Nederlanden. L'Histoire de ma vie. Jeugdherinneringen. Utrecht 1996.

Uhland, Robert (Hg.): Das Tagebuch der Baronin Eveline von Massenbach Hofdame der Königin Olga von Württemberg. Stuttgart 1987.

Veer, Paul van't: Maar Majesteit! Koning Willem III en zijn tijd. De geheime dagboeken van minister A.W.P. Weitzel. Amsterdam 1968.

Vehse, Karl Eduard: Der Hof zu Weimar privat. Von Herzog Wilhelm bis zur Goethezeit. Köln 1991.

Verburg, M. E: *Prinses Sophie en de troonopvolging in Nederland*, in: Jaarboek Vereniging Oranje-Nassau Museum (heute Geschiedkundige Vereniging Oranje-Nassau). Apeldoorn 1993.

Verloop, Peter: Een jaar aan het hof. Het dagboek van Eliza Pieter Matthes 1842–1843. Een ooggetuige aan het hof van koning Willem II. Zwolle 2009.

Vinkhuyzen, W.: Onze prinses Sophie (1824–1897). Den Haag 1949.

Vulpius, Wolfgang: Walther Wolfgang von Goethe und der Nachlass seines Großvaters. Weimar 1962.

Weber, Christiane: Hans Christian Andersen in Weimar. Ilmenau und Weimar 2005.

Wedel, Marie von: Friedrich Hermann Graf von Beust. Ein Lebensbild. Weimar 1893.

Werner, Richard Maria (Hg.): Hebbel, Friedrich: Sämtliche Werke. Historisch-kritische Ausgabe. Bd. 6. 1857–1860. Berlin 1906.

Sophies Testament, datiert am 22. März 1895, wird im Thüringer Hauptstaatsarchiv, Großherzoglichen Schatullverwaltung in Weimar verwahrt. Eine Kopie wurde der Autorin freundlicherweise von Jörg Brena zugesandt.

Ein ausführliches Literaturverzeichnis finden Sie in Thera Coppens: Sophie in Weimar. Een prinses van Oranje in Duitsland, Amsterdam 2011.

Bildnachweis

AdobeStock S. 20 (Circumnavigation), 31 (Maik Lübbe), 40 (zigres), 73 (Artur Kowalczyk), 88 (Delphotostock), 92 (Vermeulen-Perdaen), 113 (fotografci), 137 (thauwald-pictures)

akg-images S. 9, 25, 63 (Album), 75 (Album), 79, 102, 131 (akg-images / Elizaveta Becker), 145 (arkivi), 155 (Album / Prisma), 159

Carrà, Anja S. 126

Klassik Stiftung Weimar
Bestand Museen: Cover (Inv-Nr.: Ge-2015/32 / Foto: Burzik, Alexander), S. 18 (Inv-Nr.: KGe/00953 / Foto: Kittel, Angelika), 71 (Inv-Nr.: Ge-2015/33 / Foto: Burzik, Alexander), 105 (Inv-Nr.: G 1709 / Foto: Renno), 107 (Inv-Nr.: LPh / Foto: Mokansky, Olaf), 118 (Inv-Nr.: DGe-2022/1 / Foto: Burzik, Alexander), 162 (GSA 150/A 50), 166 (Inv-Nr.: KPh/3417 / Foto: Geske, Sigrid)
Bestand Fotothek: S. 148/149 (Inv-Nr.: 70-2011-0482 / Foto: Renno), 189 (Foto: Marschall, Susanne)

mauritius images S. 53 (Historic Images / Alamy / Alamy Stock Photos)

Seeling, Christian S. 49, 61, 141, 170, 173, 179

Wikimedia S. 6, 123, 151 (gemeinfrei); S. 47 (CC BY-SA 4.0 International © Concord)

Möchten Sie regelmäßig über neue Veröffentlichungen und Veranstaltungen informiert werden sowie exklusive Einblicke erhalten?
Dann abonnieren Sie unseren Newsletter!

Es ist ganz einfach – besuchen Sie unsere Internetseite oder nutzen Sie den beigefügten QR-Code, um sich anzumelden.

Wir freuen uns darauf, Sie willkommen zu heißen!

MIX
Papier | Fördert gute Waldnutzung
FSC® C083411

Impressum

Thera Coppens
SOPHIE IN WEIMAR
Leben und Wirken der Großherzogin von Sachsen-Weimar-Eisenach 1842–1897
ISBN: 978-3-7374-0300-9

www.verlagshaus-roemerweg.de

Cover, Layout & Satz: Anja Carrà, Weimar
Lektorat: Stefan Gücklhorn, Aline Wollmer, Wiesbaden
Gesamtherstellung: CPI books GmbH – Germany

Mehr über Ideen, Autor:innen und Programm des Verlags finden Sie auf www.verlagshaus-roemerweg.de und in Ihrer Buchhandlung.